Birgit Feliz Carrasco

E-Mail ans Ich

W0233783

Was die Seele dem Verstand
immer schon mal sagen wollte

Besuchen Sie uns im Internet:
www.knaur.de
Alle Titel aus dem Bereich MensSana finden Sie
im Internet unter: www.mens-sana.de

Originalausgabe Juni 2012
Knaur Taschenbuch
© 2012 Knaur Taschenbuch
Ein Unternehmen der Droemerschen Verlagsanstalt
Th. Knaur Nachf. GmbH & Co. KG, München
Alle Rechte vorbehalten. Das Werk darf – auch teilweise –
nur mit Genehmigung des Verlags wiedergegeben werden.
Redaktion: Martina Darga
Illustrationen: Veronika Preisler
Umschlaggestaltung: ZERO Werbeagentur, München
Umschlagabbildung: FinePic®, München
Satz: Andrea Mogwitz, München
Druck und Bindung: GGP Media GmbH, Pößneck
Printed in Germany
ISBN 978-3-426-87615-2

5   4   3   2   1

Ich widme dieses Buch allen,
die mich inspirieren,
und meiner weisen Seele

Inhalt

»*In dem Augenblick, in dem man sich endgültig einer
Aufgabe verschreibt, bewegt sich die Vorsehung auch.
Alle möglichen Dinge, die nie geschehen wären, geschehen,
um einem zu helfen. Ein ganzer Strom von Ereignissen wird
in Gang gesetzt durch diese Entscheidung und sorgt zu den
eigenen Gunsten für zahlreiche, unvorhergesehene Zufälle,
Begegnungen und materielle Hilfen, die sich kein Mensch
vorher je so erträumt hätte.
Was immer du kannst und dir vorstellst, dass du es kannst,
beginne jetzt!
Kühnheit trägt Genius, Macht und Magie in sich.
Beginne jetzt!*«*

Johann Wolfgang von Goethe

Prolog

Ich denke, also bin ich.

So viel ist mir klar. Jeden Morgen, direkt nach dem Aufwachen, lege ich los und produziere einen Gedanken nach dem anderen. Erwachen, denken, Zusammenhänge ergründen – und doch weiß ich nicht, wer ich eigentlich bin und was der Sinn meiner Existenz ist. Was soll das Ganze?

Geht es nur darum, zu denken, intelligent zu sein und Leistung zu erbringen? Jeden Tag dieselbe Routine? Mir geht das echt auf den Geist. Es ist ja ganz nett, Ideen zu entwickeln, Strategien zu entwerfen, zu planen und die Arbeit und das Leben zu managen, bis der Tag vorüber ist – es ist aber auch anstrengend und auf Dauer definitiv nicht zufriedenstellend. Es muss doch noch mehr als das geben, da muss doch noch mehr sein …

Diese permanente Aktivität stresst mich, der äußere Druck der Leistungsgesellschaft nervt mich unendlich, und ich drehe mich im Kreis mit meinen Gedanken. Ich bin müde, matt und ausgelaugt. Jede Weiterbildung und jedes Coaching, zu denen mein Chef mich schickt, dienen letztlich nur der Firma, der Gewinnmaximierung, der Absatzsteigerung und dem Ziel, den Berg, den ich erklimmen soll, nur noch höher zu machen. Kann ich nicht endlich mal auf dem Berggipfel ankommen und zufrieden sein? Besteht das Leben denn wirklich nur aus Zahlen, Budgets und Geld? Ich hab das alles satt. In ruhigen Momenten kreisen meine Gedanken immer mehr um diesen Alltag, der mir so sinnlos erscheint.

Wo sind die wirklichen Werte des Lebens geblieben, die sich nicht um Absatz und Wirtschaftswachstum ranken? Ich laufe, leiste und funktioniere nur noch – leben tue ich schon lange nicht mehr. Ich funktioniere zwar, ich funktioniere sogar gut, und ich will ja auch gerne Leistung in der Arbeitswelt erbringen. Aber ich will auch wissen, wer ich wirklich bin, und ich will den wahren Sinn des Lebens erfahren … und so frage ich mich ständig: Wer oder was kann mir helfen, Antworten zu finden? Ein weiteres Coaching? Noch ein Workshop?

Es muss doch möglich sein, mit der inzwischen angesammelten Lebens- und Berufserfahrung in mir selbst Antworten auf die bohrenden Fragen zu finden. Eine Art inneren Dialog zu führen, quasi einen inneren Coach zu finden. Ich müsste nur eine Methode finden, die mir hilft, mich neu zu orientieren und zu motivieren. Morgendliches Erwachen mit schönen Gedanken statt mit dem ständigen Gefühl von Leistungsdruck – das wäre doch mal was. Ich will einfach nur zufrieden und glücklich sein.

Die Antworten auf all die Fragen stecken irgendwo in mir, sonst hätten ja andere Menschen, Coaches und Seminarleiter auch keine Antworten auf die Fragen des Lebens finden und geben können. Was ich brauche, ist ein 24-Stunden-Support, der immer greifbar ist und mich aus meinem Inneren heraus coacht. Wenn die Ratschläge und Weisheiten aus mir selbst kommen, werden sie für mich glaubhafter, nachvollziehbar und überzeugender sein. Ich höre ohnehin neben dem Verstand immer eine andere Stimme in meinem Inneren. Ist das der Coach, den ich suche? Wer ist diese zweite Stimme in mir?

Wie würde ich im Job vorgehen? Eine To-do-Liste machen, Fragen formulieren und mir Gedanken darüber machen, was nötig ist, um Kausalitäten zu erfassen, das heißt, Zielsetzung und Strategie formulieren und die Umsetzung planen. Also los!

Zielsetzung:
Endlich erfüllt, glücklich und zufrieden sein
Strategie:
Herausfinden, was der Sinn des Lebens ist
Umsetzung:
Fragen klären

1 Wer bin ich?
2 Was kann ich tun?
3 Wie werde ich meinen Frust los?
4 Wie kann ich ausgeglichener werden?
5 Wie gewinne ich mehr Lebensenergie?
6 Warum empfinde ich manchmal Angst?
7 Wieso bin ich einsam?
8 Wie kann ich Freiheit finden?
9 Wie werde ich glücklich?

Wen fragen:
Den inneren Coach finden, der inneren Stimme Gehör schenken. Wenn ich mich allein von meinem denkenden, analysierenden Verstand leiten lasse, ist die andere, leise Stimme in mir eventuell die Seele, und wenn das stimmt, dann muss ich klären, ob mich diese coachen kann.

Wie fragen:
Wie im Job üblich: Ich versuche es mal mit E-Mails!

Erster Dialog:
Wer bin ich?

Über den Verstand und die Seele
und über die Zusammenhänge
des großen Ganzen

Von: verstand@email-ans-ich.de
An: seele@email-ans-ich.de
Betreff: Hallo! Bist du da?
Lieber innerer Coach,
jetzt bin ich mal gespannt, ob ich unter dieser E-Mail-ID Kontakt zu dir bekomme. Es wird doch sicher eine Möglichkeit der zeitgemäßen Kommunikation zwischen uns geben! Ich weiß genau, da gibt es neben mir noch eine andere Stimme, aber du bist immer so leise. Wer bist du? Erwarte gerne deine Antwort! ☺
Es grüßt: Dein Verstand

Von: seele@email-ans-ich.de
An: verstand@email-ans-ich.de
Abwesenheitsnotiz: Hallo! Bist du da?
Danke für Ihre Anfrage! Ich bin momentan nicht erreichbar und melde mich zu gegebener Zeit wieder bei Ihnen.

Von: verstand@email-ans-ich.de
An: seele@email-ans-ich.de
AW: Abwesenheitsnotiz: Hallo! Bist du da?
Das ist aber jetzt nicht wahr, oder? ☹
Heißt das nun, dass ich die korrekte E-Mail-Adresse hab und warten muss, oder heißt das, dass ich weiterhin keinen Support bekomme?
Was ist denn das für eine Antwort? Ich benötige echt dringend ein paar Antworten … Das nervt mich ja schon wieder! Ich brauche einen Lebens-Coach!
Hilfe! Bitte!

Von: *seele@email-ans-ich.de*
An: *verstand@email-ans-ich.de*
AW: *Hallo! Bist du da?*
Lieber Verstand,
ich heiße dich herzlich willkommen im Universal Wide Web *der Seelen. Ja, ich bin die Seele. Ich freue mich sehr, dass du meine E-Mail-Id entdeckt hast und mich bewusst zu Rate ziehen möchtest. Ich habe lange auf diese offizielle Kontaktaufnahme gewartet und danke dir für deine Mühe. Wir können nun auf diese Weise die Konversation zwischen uns pflegen. Frage mich, was du zu wissen wünschst … Es gibt einiges, was ich dir schon immer mal sagen wollte. Ich bin gerne für dich da und werde dein Coach sein, so du dies möchtest.*
Grüße von deiner Seele

Von: verstand@email-ans-ich.de
An: seele@email-ans-ich.de
Betreff: Coach
Liebe Seele,
danke für deine Antwort. Ist ja genial, wenn wir so kommunizieren können! Ich dreh sonst langsam durch in diesem ganzen Gedankenkarussell!
Also, du bist die Seele, die E-Mail-Texte kommen direkt von dir, korrekt? Du bist die Stimme, die ab und zu leise flüstert? Wer bin ich dann bitte? Ich meine: Zu wem exakt gehört meine Stimme?

Von: *seele@email-ans-ich.de*
An: *verstand@email-ans-ich.de*
AW: *Coach*

Ja, es ist die Seele, die antwortet, so, wie du es dir wünschst. Meine Stimme schien lange Zeit zu schwach, fast unhörbar für dich. Wie schön, dass dies nun anders wird. Ich bin die Stimme der Seele, und du bist, wie du schon richtig vermutet hattest, die Stimme des Verstandes ... Wir sind also zu zweit. Aber genau genommen sind wir drei.

Von: verstand@email-ans-ich.de
An: seele@email-ans-ich.de
Betreff: Drei?

Drei? 😕 Willst du mich auf den Arm nehmen?
Also doch eine multiple Persönlichkeit, oder wie? Muss ich jetzt besorgt sein? Bin ohnehin dauernd besorgt, um dies und das ...
Echt? Sind wir so viele?

Von: *seele@email-ans-ich.de*
An: *verstand@email-ans-ich.de*
AW: *Drei?*

Sicher ist das verwirrend für dich, aber entspann dich, lieber Verstand. Wir sind keine gespaltene Persönlichkeit. Du und ich leben gemeinsam in einem Körper. Dies ist bei allen Menschen so. Vielleicht kannst du es dir besser so vorstellen: Der Körper ist die Hardware, du, der Verstand, bist die Software und ich, die Seele, bin die Energie, die alles belebt und durchdringt. Wir sind alle drei aufeinander angewiesen. Aber das wahre Leben funktioniert nicht nach dem Dualsystem eines Computers, sondern besteht sogar aus vier Einheiten.

Von: verstand@email-ans-ich.de
An: seele@email-ans-ich.de
Betreff: Vier?
Jetzt sind wir schon vier? Komm, du machst doch Witze, oder? Das wird ja immer unübersichtlicher … ≈ Bin sehr verwirrt!

Von: seele@email-ans-ich.de
An: verstand@email-ans-ich.de
AW: Vier?
Hardware = Körper. Software = Verstand. Energie = Seele.
Und dann gibt es da noch so etwas wie das Masterprogramm oder die Programmiersprache, mit der alles – und damit meine ich wirklich alles Denkbare, Sichtbare, Undenkbare und Unsichtbare – erschaffen wurde: das Masterprogramm der Schöpfung. Die Schöpfung ist der Ausgangspunkt und das Zentrum von allem, der Ursprung allen Lebens. Ich darf dir Grüße aus den unendlichen Weiten des Kosmos übermitteln.

Von: verstand@email-ans-ich.de
An: seele@email-ans-ich.de
AW: AW: Vier?
Vier also. Du darfst Grüße aus dem Universum übermitteln. ☺ Das ist mir alles ein bisschen zu unwirklich. Deine Sprache ist ja etwas … seltsam, klingt so weise, esoterisch. Sag mal, weißt du wirklich alles? Ich meine alles? Ich dachte, ich wäre der Schlaue … ☺

Grüße vom intelligenten Verstand

Von: *seele@email-ans-ich.de*
An: *verstand@email-ans-ich.de*
AW: AW: AW: *Vier?*

Schlau bist du ganz sicher, und zwar im Sinne von logischem Denken, Abwägen und Bewerten, was sich dann auch im irdischen Handeln über den gesamten Menschen zeigt. Die Menschen der Erde sind inzwischen nur noch von dir, dem Verstand, und deinen Verstandeskollegen bestimmt. Sie sind völlig rational und daher mit ihrem Verstand gleichzusetzen. Das ist das aktuelle Problem auf der Welt, denn der Verstand als alleiniger Tonangeber ist auf Dauer nicht ausreichend. Würden die Menschen weiterhin nur verstandesbetont leben, wäre das Leben fade und anstrengend, denn das gewisse energetische Etwas würde fehlen. Zusammen ergeben wir eine perfekte Lebenseinheit und sind eine homogene Genialität. Unsere E-Mail-Konversation wird dazu beitragen, unsere Lebensqualität zu steigern und die größeren Zusammenhänge des Lebens zu erkennen – so, wie es auf der To-do-Liste steht. Ich weiß sicher nicht alles, aber ich kenne vieles, was dir, lieber Verstand, fremd ist.

Wir Seelen wissen um die Überbewertung der rationalen Denk- und Handlungsmuster, die den Verständen entspringen. Diese Denkmuster haben in den letzten Jahrhunderten das Leben auf der Erde intensiv geprägt und immense Ausmaße angenommen. Im jetzigen Stadium der menschlichen Zivilisation spielen Herz und Gefühle kaum noch eine Rolle, weil du und deine Kollegen so übermächtig geworden sind. Dies hat auf einige Irrwege geführt, in Sackgassen und zu Absurditäten. Deswegen bist du – wie übrigens auch viele andere Verstände – momentan auf der Suche nach inneren Antworten. In dieser Zeitepoche werden Einkehr und Besinnung gefordert und gefördert, und das Masterprogramm der Schöpfung gibt jedem

Menschen die Chance dazu. Diese Information liegt mir
gesichert vor, und niemand sollte diese einmalige Möglichkeit
verstreichen lassen.

Von: verstand@email-ans-ich.de
An: seele@email-ans-ich.de
Betreff: Wissen
Wie kannst du das denn alles wissen? Und wieso weiß ich das
nicht, wo ich doch der Verstand bin?

Von: *seele@email-ans-ich.de*
An: *verstand@email-ans-ich.de*
AW: *Wissen*
Nun, »Wissen« ist vielleicht nicht das richtige Wort für das, was
Seelen in sich tragen. Als Seele vermag ich alle unsere menschlichen
Handlungen mit Hilfe des Körpers wahrzunehmen und alle deine
Gedankenkonstrukte aus einer höheren Warte, aus der Vogelper-
spektive sozusagen, zu sehen. Ich habe – um deine nächste Frage
vorwegzunehmen, die gerade in dir aufsteigt, während du diese
Zeilen liest – Zugang zum sogenannten höheren, kosmischen
Wissen, allerdings nicht zu allen Bereichen des höheren Wissens,
denn das ist gar nicht möglich für so kleine Wesen, wie wir es sind.
Es gibt einige Zugangsbeschränkungen. Ich erkenne auch nicht das
gesamte Masterprogramm der Schöpfung, aber die Energie der
Schöpfung fließt durch mich hindurch an unsere Lebenseinheit
Mensch.
Während der unendlichen Zeit meiner Seelen-Existenz habe ich
schon einige Erfahrungen gesammelt, die mich auch größere
Zusammenhänge erkennen lassen, was dir aus deiner irdischen
Perspektive nicht so gut möglich ist. Und deswegen sind wir
zusammen: Du bist dafür da, unserem Menschen das Funktionie-

ren und Handeln auf der Erde zu ermöglichen und über den Körper neue Erfahrungen zu sammeln, und ich bin dazu da, diese Erlebnisse zu integrieren und in einen komplexeren Zusammenhang zu setzen … und vor allem, sie für spätere Zeiten zu bewahren.

Von: verstand@email-ans-ich.de
An: seele@email-ans-ich.de
Betreff: Bewahren
Die Seele als Bewahrer? Klingt seltsam und etwas unglaubwürdig für mich. Ich brauch das konkreter, um es zu verstehen! Für wen oder was bewahrst du denn unsere gemeinsamen Erfahrungen, und warum check ich das erst jetzt? 😕 Ich erahne da einiges, aber in diesem Körperkopf ist alles so diffus, und jeden Morgen beim Aufwachen rattert das Gedankenkarussell von neuem los.

Von: *seele@email-ans-ich.de*
An: *verstand@email-ans-ich.de*
AW: *Bewahren*
Ahnungen fallen eher in meinen Bereich. Der Verstand ahnt nicht, er kalkuliert und leitet daraus ein Ergebnis ab. Aber die Übergänge sind manchmal fließend, denn wir sind so erschaffen, damit alle Komponenten immer und beständig zusammenarbeiten. Allerdings klappte dies bisher nicht immer, da du meine Stimme oder die Signale des Körpers nicht registriert hast.
Die anderen Seelen und ich bewahren Erfahrungen für den Einsatz in späteren Lebenszyklen in uns auf. Du beginnst gerade, wie viele andere Verstandeswesen auch, dir über komplexere Zusammenhänge des Lebens Gedanken zu machen, und suchst

nach den Zusammenhängen des übergreifenden, großen Ganzen.
Daher rührt das morgendliche Gedankenkarussell.
Die menschliche Zivilisation durchläuft zurzeit eine Phase der
Neuorientierung und philosophischen Entdeckungslust. Manche
Menschen nennen dieses höhere Unbekannte Gott, andere nennen
es Allah oder Shiva – es gibt noch viele weitere Namen. Sie alle
sind Synonyme für das große Ganze. Hinter ihnen stehen Denk-
modelle, die oft mit Religionen, Dogmen und rituellen Handlun-
gen verbunden sind. Die Menschen, vor allem deren Verstände,
benötigen offensichtlich Konzepte, an die sie sich halten können.
Denn – das hast du bereits bemerkt – mit deinem rationalen
Denken stößt du recht schnell an Grenzen, über die du nicht
hinausschauen kannst und wo du keine Erklärungen mehr geben
kannst. Deswegen fühlt es sich im Kopf manchmal wirr an, und
ein Mensch findet keine wirklichen Antworten, wenn kein Kontakt
zur Seele und über die Seele zum Masterprogramm besteht.

Von: verstand@email-ans-ich.de
An: seele@email-ans-ich.de
Betreff: Beweise
Liebe Seele, für mich ist das alles neu. Ich habe eine Zielsetzung,
die da lautet: Herausfinden, was das Leben und das Ganze soll,
um alles besser verstehen zu können. Dazu brauche ich Fakten
und Beweise. Kannst du dazu etwas beitragen? 🙁

Von: *seele@email-ans-ich.de*
An: *verstand@email-ans-ich.de*
AW: *Beweise*
Darf ich dir eine andere Vorgehensweise vorschlagen? Begib dich
auf eine innere Reise, auf eine Entdeckungsfahrt, die dir neue
Zusammenhänge offenbaren wird, anstatt Fakten zu sammeln und

auf Beweise zu pochen. Fakt ist offensichtlich, dass du, lieber Verstand, mit den rationalen Denkmustern augenblicklich keine Lösungen oder Ansätze für eine Weiterentwicklung findest. Die Fragen auf der To-do-Liste sind bestenfalls grenzwissenschaftlich zu beantworten, jedoch verfügt jeder Verstand über die Möglichkeit, mit der Seele Kontakt aufzunehmen und feinstofflich gewebte Antworten zu finden.

Die Astrophysik ist beispielsweise eine solche Grenzwissenschaft, die zweifelsohne auf hoher Intelligenz basiert. Aber dennoch stößt sie an kosmische Barrieren, da das Universum – und das gesamte Leben darin – bis heute von keinem Wissenschaftler schlüssig erklärt werden kann. Diese Grenzen des Erklärbaren können vom Menschen nur auf philosophische oder spirituelle Weise ausgelegt werden. Auch die verschiedenen Religionen sind nur Vehikel, vom Verstand der Menschen für Menschen erdacht und selten frei von der Intention, über andere zu herrschen. Die Weite und das Wunder des Universums können allerdings weder per Ratio noch mit Hilfe der Wissenschaft erklärt oder bewiesen werden. Das Universum ist einfach da. Dennoch weißt du intuitiv, dass es eine tiefliegende Erklärung für das alles gibt, die aber geistig nicht erfassbar ist. Als Verstand weißt du, dass etwas oder jemand hinter der Unendlichkeit des Universums steht ... Und für diese Erkenntnis braucht jeder Mensch das durchaus als genial zu bezeichnende Zusammenspiel zwischen Verstand und Seele, das im Körper stattfindet – in einem lebendigen Organismus, der wie ein Wunder ist, über das wir nur staunen können. Alle drei Komponenten vermögen sich nur gemeinsam zu entwickeln und den äußeren wie den inneren Horizont zu erweitern. Wenn das geschieht, wirst du herausfinden, was der Sinn des Lebens ist.

Von: verstand@email-ans-ich.de
An: seele@email-ans-ich.de
Betreff: Wo sind wir?
O. k. Resümierend heißt das:
Ich = Software, Verstand, Intelligenz, Ratio
Du = auch ich, aber eine Art feinstoffliche Energie verbunden
mit der Schöpfung (was immer dies ist)
Körper = auch wir, aber grobstofflich
Offen ist demnach die Frage nach dem Wo? Wo sind wir? Und
jetzt schreib nicht einfach »auf der Erde«, denn das weiß ich ja.

Von: seele@email-ans-ich.de
An: verstand@email-ans-ich.de
AW: Wo sind wir?
*Wir sind auf der Erde, aber dieser Planet ist einer unter Milliar-
den Planeten im Weltall, und damit sind wir und die Erde ein Teil
der Unendlichkeit der Schöpfung. Versuch bitte einmal, dir die
Erde und unser Dasein aus der Perspektive des Weltalls anzuschau-
en. Eine solche Distanz zum irdischen Dasein eröffnet ein größeres
Bild. Wir sind jeweils ein Mosaiksteinchen, du und ich, und je
mehr Sichtabstand eingenommen wird, desto mehr Mosaiksteinchen fügen sich zu einem immer erstaunlicheren Gesamtbild
zusammen. Insofern ist die Frage nach dem Wo gar nicht zu
beantworten, solange das, was das Gesamtbild erleuchtet und
dadurch ermöglicht, den Standort zu definieren, noch fehlt: das
Licht im Hintergrund, das Licht der Schöpfung.*

Von: verstand@email-ans-ich.de
An: seele@email-ans-ich.de
Betreff: Pause
Also, mir ist das alles zu hoch, zu, zu ... ach, ich weiß nicht. Ich brauch mal eine Pause. Ich melde mich wieder in ein paar Stunden. ☺ CU

Von: verstand@email-ans-ich.de
An: seele@email-ans-ich.de
Betreff: Unter uns
Bin wieder da und hab mich wieder eingekriegt. Ich habe auch versucht, eine höhere Perspektive einzunehmen. Ist wirklich nicht einfach. Alles so ungewohnt. Also begnüge ich mich erst mal mit der Antwort auf meine Frage, wo wir sind und wo wir eigentlich stehen, also mit der Lokalisation auf dem Planeten Erde.
Aber hey, mal unter uns ... brauchen wir denn überhaupt einen Körper? Sprich bitte leise ... pssst. ☺

Von: seele@email-ans-ich.de
An: verstand@email-ans-ich.de
AW: Unter uns
Zurzeit möchte ich nicht ohne Körper leben, obwohl es andere Lebensformen im Universum gibt, die Seelen in sich aufnehmen und nicht über eine Körperform verfügen.
Bedenke bei deinen Überlegungen, dass du ohne Körper nicht existieren könntest, dass du diese Gedanken ohne die Gehirnzellen des Körpers und ohne elektrische Übertragungsblitze im Organismus überhaupt nicht denken könntest. Ohne Körper kannst du keine irdischen Erfahrungen machen. Wie könntest du beispielsweise wissen, dass Feuer heiß und Schnee kalt ist, wenn der Körper dies nicht erfahren hätte? Außerdem ist der menschliche Körper ein

Funktionswunder der Fortbewegung. Er ist sozusagen das Gefährt oder der Träger des Lebens. Er sichert den Fortbestand der Menschheit und bietet Seelen eine Wohnstätte. Der Körper bewegt sich, ist mobil und vermag durch die Sinne Eindrücke zu empfangen und dann entsprechend zu handeln. Augen, Ohren, Nase, Mund und Haut nehmen die Umwelt wahr. Eindrücke und Erfahrungen werden sortiert und gespeichert. Du, der Verstand, bewertest diese Eindrücke mit Hilfe der dir zugeordneten Nervenzellen des Körpers, zusammen »erdenkt« ihr euch Reaktionen, Handlungen, Prinzipien und Muster, nach denen ihr gemeinsam agiert.

Ich, die Seele, »beseele« zwar den Körper mit Vitalität und Lebensenergie, bleibe aber im alltäglichen Handeln meist im Hintergrund. Ihr beide – Körper und Kopf – habt das Tägliche gut im Griff. Manchmal wünschte ich, ihr würdet mehr auf eure Empfindungen und Gefühle achtgeben und sie nicht alle durch eure permanenten Aktivitäten und Verpflichtungen unterbinden. Mit seinem unaufhörlichen Denken und Handeln vergisst der Mensch allzu oft das eigentliche Sein, und deswegen beginnst du, der Verstand, nun nach dem Sinn des Ganzen zu suchen. Wenn Körper, Verstand und Seele nicht harmonisch zusammenarbeiten, entstehen unter Umständen starke, unaufhaltsame und unkontrollierbare Gefühle wie Traurigkeit, Frustration, Unglücklichsein oder gar ein depressiver Gemütszustand. Und so taucht früher oder später bei dir, lieber Verstand, die Frage auf: Was ist der Sinn des Lebens? Erst mit der Formulierung dieser Frage kann eine bewusste Entwicklung beginnen … so wie jetzt, da du über E-Mails Kontakt zu mir, der Seele, suchst.

Von: verstand@email-ans-ich.de
An: seele@email-ans-ich.de
Betreff: Entwicklung
Aber würde nicht nur eine Komponente, z. B. ich, der Verstand, genügen, um die Situation zu analysieren und Lösungen zu finden und eine bewusste Entwicklung zu vollziehen? Durch reines Denken? 😎 Ich bin doch clever und habe bis jetzt auch alle Probleme lösen können!

Von: *seele@email-ans-ich.de*
An: *verstand@email-ans-ich.de*
AW: *Entwicklung*
Warst du es wirklich allein, der alle Probleme gelöst hat? Wer oder was hat und wird in Zukunft Entwicklungs- und Verständnisprozesse umsetzen? Wer oder was würde die Erfahrungswerte der Entwicklung bewahren? Der Verstand tendiert leider etwas dazu, sich selbst zu überschätzen – das wollte ich dir schon immer mal sagen. Etwas mehr Umsichtigkeit wäre schon hilfreich bei unserer gemeinsamen Existenz.
Überleg dir mal Folgendes:
Allein die Tatsachen, dass du dir eine To-do-Liste die persönliche Fortentwicklung betreffend überlegt hast, dass du mich kontaktiert hast und viele Fragen hast, sind Beweise (nach denen du so hungrig bist) für deine mangelnde Umsichtigkeit. Du kommst alleine gar nicht weiter.
Alle drei Komponenten – Körper, Verstand und Seele – sind nicht zufällig entstanden, sie haben sich mit Hilfe der Schöpfung in jedem irdischen Individuum zusammengefunden. Körper, Verstand und Seele haben nur zusammen die Möglichkeit, sich zu einem höheren Wesen zu entwickeln, das sich dem Urprinzip der Schöpfung annähern und Weisheit erfahren kann. Die ganze

Evolution auf Erden – und anderswo – ist darauf ausgelegt, Wesen immer und stetig weiterzuentwickeln, bis sie sich wieder mit der Urquelle vereinigen können.

Von: verstand@email-ans-ich.de
An: seele@email-ans-ich.de
Betreff: Urquelle
Was ist die Urquelle?

Von: *seele@email-ans-ich.de*
An: *verstand@email-ans-ich.de*
AW: *Urquelle*
Wir alle – alle Seelen der Erde und des Universums – entstammen einer Urquelle, mit der wir über die unendliche Zeit unserer Existenz für immer und ewig verbunden bleiben. Aber was die Urquelle ist und wo sie ist und woher ihre Kraft kommt, ist uns zu diesem Zeitpunkt nicht bekannt. Wie gesagt, es gibt einige Zugangsbeschränkungen, und es sind sehr, sehr viele Entwicklungs- und Lebenszyklen nötig, um das Gesamte zu erfassen. Wenn wir Seelen alles wüssten, wüsstest du es auch, denn wir sind eine Einheit.

Von: verstand@email-ans-ich.de
An: seele@email-ans-ich.de
AW: AW: Urquelle
Jetzt wird's echt spirituell und abgehoben! Reden wir jetzt vom Ursprung des Lebens, von Gott? Meine Fragen und deine Antworten werfen eigentlich nur noch mehr Fragen auf! 😵

Von: *seele@email-ans-ich.de*
An: *verstand@email-ans-ich.de*
AW: AW: AW: *Urquelle*

Die Entdeckungsreise ist eine langwierige Expedition, aber immerhin konnten wir die Fragen »Wer bin ich, und wer bist du?« klären, und wir konnten auch eingrenzen, wo wir sind. Jetzt fragst du nach dem Prinzip oder dem Konzept hinter dem Ganzen, und diese Frage ist wirklich nicht rational, sondern – wenn überhaupt – nur spirituell zu beantworten.

Die Urquelle ist meinem energetischen Wissen nach das, was uns alle miteinander verbindet. Sie ist der Ursprung des Lebens. Wir, Körper/Verstand/Seele, bilden eine irdische Einheit. Die Erde, die Natur und die Menschheit bilden eine globale Einheit. Jedes Sonnensystem bildet eine planetarische Einheit, jede Galaxie eine kosmische Einheit, das Universum ist die Einheit der Schöpfung, und die Kraft und die Energie und die Herrlichkeit, die für all das benötigt werden, kommen aus der Urquelle der Schöpfung. Immerwährend, unerschöpflich, göttlich.

Du sprichst die Spiritualität an. In diesem Punkt benötigen die Menschen derzeit wichtigen Support, denn viele verwechseln Spiritualität mit Religiosität. Die Seelen haben das Bedürfnis, dieses Missverständnis aufzuklären.

Spiritualität heißt erst einmal lediglich, etwas feinstofflicher oder geistiger zu betrachten und den Blick auf das zu richten, was hinter der Logik des Verstandes und der Wahrnehmung des Körpers liegt und nicht gleich offenkundig ist. Das Wissen um die Existenz der Urquelle ist in unserer Zeit von enormer Bedeutung. Dieses Wissen ist essenziell und bedarf der Verbreitung, denn die Erdzivilisation befindet sich in einem intensiven Wandlungsprozess, über den du und deine Verstandeskollegen sich gewisse Sorgen machen, nicht wahr?

So ist es hilfreich und tröstend zu wissen, dass es da etwas gibt, das alles zusammenhält und durchwebt. Dieses Etwas ist das Licht der Urquelle. Es ist das Licht, die Energie des Masterprogramms, und dieses Licht, diese Urquelle des Lebens – das sei dir unter uns vertrauensvoll versichert – ist sehr präsent.

Von: verstand@email-ans-ich.de
An: seele@email-ans-ich.de
AW: AW: AW: AW: Urquelle
Was macht die Urquelle genau? Was bewirkt sie?

Von: *seele@email-ans-ich.de*
An: *verstand@email-ans-ich.de*
AW: AW: AW: AW: AW: *Urquelle*
Die Urquelle existiert und kreiert permanent mannigfachen Ausdruck des Lebens, all überall im grenzenlosen Universum. Zwar ist diese Urquelle der Schöpfung für uns, innerhalb unserer drei Komponenten Körper/Verstand/Seele, nicht gänzlich vorstellbar und erfassbar, dennoch ist der Mensch gleichzeitig eine Form, ein Ausdruck, quasi ein kleiner Abdruck dieser Urquelle. Der Mensch ist eine kleine Quelle des irdischen Lebens, eine Quelle der Energie und der Weisheit und des grobstofflichen wie feinstofflichen Lebens – oder anders ausgedrückt: Der Mensch ist eine Matrix der schöpferischen Urquelle und der universellen Intelligenz im Kleinformat. Auch wenn wir die menschliche Lebensform bereits als sehr komplex und vielschichtig bezeichnen können, bedarf es doch einer weitläufigeren Entwicklung, um dem Erfassen des Ganzen eines fernen Tages näherzukommen, um das große Ganze zu verstehen bzw. zu erfühlen. Aber kleine Einblicke und kleine Erleuchtungen sind durchaus möglich – es ist eine Geduldsaufgabe, die weit mehr als ein Leben erfordert, und immer sind alle drei Komponenten nötig,

damit sich ein Mensch weiterentwickeln und eine Zugangsberechti-
gung zu allen Zusammenhängen des Masterprogramms erhalten
kann.

Von: verstand@email-ans-ich.de
An: seele@email-ans-ich.de
Betreff: Zugangsberechtigung
Alles sehr komplex, ich versuche das zu verarbeiten … Irgendwie
klingen deine Ausführungen auch recht glaubhaft!
Wenn ich dich richtig verstehe, ist also alles über die Urquelle der
Schöpfung unsichtbar miteinander verbunden. Wir – die Seele
und der Verstand – bilden mit dem Körper ein Dreigespann und
befinden uns an einem spezifischen Platz, wissen aber nicht genau, wo. So, wie ich das kapiere, stehen wir eigentlich im Nichts,
haben aber zum Masterprogramm keine Zugangsberechtigung
und können deshalb nicht erkennen, wo wir wirklich stehen. Und
damit dreht sich mein Gedankenkarussell um den wirklichen
Sinn des Lebens weiter. Sehr hilfreich, dein Support! ☹
Brauchen wir ein Passwort oder so? Wir haben doch sicher nicht
ewig Zeit, um das große Ganze endlich mal zu verstehen, oder?

Von: *seele@email-ans-ich.de*
An: *verstand@email-ans-ich.de*
AW: *Zugangsberechtigung*
Das Universum und die Urquelle sind ewig, aber dies trifft leider
nicht auf unsere gemeinsame Existenz zu. Lieber Verstand … du
musst jetzt mal ganz tapfer sein, und unser Körper täte gut daran,
bewusst und tief durchzuatmen, denn ich muss es euch sagen:
Leider habt ihr beide nicht unbegrenzt Zeit, alles zu erforschen.
Unsere gemeinsame menschliche Existenz ist tatsächlich zeitlich
begrenzt. Wir drei haben uns für eine Lebensspanne auf Erden

zusammengefunden, aber die körperlichen Zellen, auf denen auch dein Wissen, lieber Verstand, beruht, sind endlich und können nicht ewig leben. Ich jedoch – die Seele, das feinstoffliche und energetische Element in unserem Lebensdreigespann – bin ewig und kann mich immer wieder in Körper oder Wesen inkarnieren, bis die Sammlung von Erfahrungen vollständig ist und ich zur Urquelle der Schöpfung zurückkehren darf.

Dein Wissen, die körperlichen Erfahrungen, die gemeinsamen Emotionen, die wir zusammen erleben, sind sehr wertvoll und gehen keinesfalls verloren, denn ich trage sie immer in mir, von der Geburt über den körperlichen Tod bis zur Wiedergeburt, immer und immer wieder. Es gibt unendlich viele Seelen, die körperliche Erfahrungen machen möchten, mit einem Verstand zusammen denken und zusammen arbeiten möchten. Deswegen ist es wichtig, zu akzeptieren, dass körperliches Leben vergänglich ist und immer wieder neu entstehen muss, damit viele Seelen die Chance bekommen, sich zu reinkarnieren. Kannst du das nachvollziehen?

Von: verstand@email-ans-ich.de
An: seele@email-ans-ich.de
AW: AW: Zugangsberechtigung
Äh … Oh … 😟
Jetzt brauch ich aber ein bisschen Zeit zum Grübeln und Nachdenken. Unser Körper meldet außerdem ausgesprochene Müdigkeit ob dieser Informationsflut und der Aussicht auf einen wirklichen Endpunkt unserer Existenz – auch ich muss das erst mal verdauen. Wir müssen schlafen! CU! Ich melde mich wieder!
PS: Was machst du eigentlich, wenn wir schlafen?

Von: *seele@email-ans-ich.de*
An: *verstand@email-ans-ich.de*
AW: AW: AW: *Zugangsberechtigung*
Lieber Verstand, wenn du und der Körper ruhen, gehe ich auf
Reisen ins Universum …

Von: verstand@email-ans-ich.de
An: seele@email-ans-ich.de
Betreff: Kosmischer Coaching-Tipp?
Na dann: Gute Reise! Vielleicht kann ich ja gelegentlich mal
mitkommen. Hast du noch einen Ratschlag, sozusagen einen
kosmischen Coaching-Tipp für mich … ich meine ein Passwort
oder so für den nächsten Abschnitt unserer gemeinsamen Reise
zur vollkommenen Erkenntnis? Irgendwie brauche ich Trost.

Von: *seele@email-ans-ich.de*
An: *verstand@email-ans-ich.de*
Betreff: *Passwort 1*
Mit jedem vollzogenen Entwicklungsschritt erhältst du eine neue
Zugangsberechtigung zu weiteren Schritten und Lerninhalten über
die Zusammenhänge des Lebens. Der Antritt dieser Reise war ein
guter Beginn, und du wirst bald feststellen, dass sich die Reise
lohnt.
In Sachen Weisheit des Lebens und Zusammenhänge des Univer-
sums gibt es Passwörter für das nächste Level nur in ganzen Sätzen
und nicht in einfachen Worthülsen.
Dein erstes Passwort hast du dir wirklich verdient. Ruh dich aus
und schlafe wohl. Passwort 1:

> ### Wir sind viele, und zusammen sind wir eins!

Zweiter Dialog:
Was kann ich tun?

Über Lebensstrategien,
vom Unterschied zwischen
Selbstbewusstsein,
Bewusstsein und Bewusstheit
und deren Auswirkung auf das Leben

Von: verstand@email-ans-ich.de
An: seele@email-ans-ich.de
Betreff: Vergänglichkeit

Liebe Seele, ich brauchte ein paar Tage, um meine Vergänglichkeit zu akzeptieren. Mit dieser Info ging es mir nicht gut. Ist ja wirklich harter Stoff, aber auch nicht ganz überraschend, denn der Tod umgibt uns ja überall auf Erden.

Ich dachte nur immer, ich wäre logischerweise der Teil, der überlebt, weil in mir die Intelligenz liegt, die das Leben bestimmt. Aber wenn meine Gedanken in dir, der ätherischen Seele, irgendwie weiterexistieren, kann ich das akzeptieren. Inzwischen vermag ich scheinbar einige Bruchstücke dessen zu erfassen, was das Ganze soll ... um mal wieder auf meine Ausgangsfrage zurückzukommen.

Das derzeitige Leben ist also ein Entwicklungsschritt, klein, aber wichtig, und Teil des Ganzen? Sehe ich das richtig? Im Schnitt sind ja achtzig Lebensjahre auch nicht wenig, um etwas Sinnvolles aus dem Leben zu machen ... Also, was kann ich aktiv tun, um unser Zusammenspiel zu optimieren? Wie können wir drei, Körper / Verstand / Seele, effektiver zusammenarbeiten? ☺

Von: seele@email-ans-ich.de
An: verstand@email-ans-ich.de
Betreff: Zusammenarbeit

Lieber Verstand, ich freue mich, wieder deine Fragen zu vernehmen. Dank dir dafür.

Optimierungsmöglichkeiten für die Zusammenarbeit gibt es immer – eine ständige Verbesserung ist schließlich die Antriebsfeder

der natürlichen Evolution. Etwas wird ausprobiert, verworfen, neu
kreiert und permanent optimiert. Du kannst dich selbst optimie-
ren, wenn du das erste Passwort verwendest ... Damit meine ich,
sobald du es wirklich begriffen und integriert hast.

Von: verstand@email-ans-ich.de
An: seele@email-ans-ich.de
AW: Zusammenarbeit
Ich begreife bzw. interpretiere das erste Passwort »*Wir sind viele,*
und zusammen sind wir eins« so: Nur gemeinsam haben wir die
Möglichkeit, uns weiter zu optimieren. Alleingänge des Verstandes führen unter Umständen in Sackgassen. Die Evolution passiert nicht zufällig, und sie hat uns zusammengeführt, um gemeinsam auf der Welt zu wirken.

Von: *seele@email-ans-ich.de*
An: *verstand@email-ans-ich.de*
AW: AW: *Zusammenarbeit*
Lieber Verstand, dies hast du richtig erfasst, und so wird dir
Zugang zu weiteren Informationen gewährt. Ich, die Seele, muss
immer sichergehen, dass du die bisherigen Informationen über die
Zusammenhänge des Lebens auch wirklich integriert hast, bevor
neue Botschaften fließen, sonst findet eine Art Verarbeitungsstau
statt. Du beginnst nun zu verstehen, dass du alleine nichts
erreichen kannst. Wir können uns nur gemeinsam optimieren.

Von: verstand@email-ans-ich.de
An: seele@email-ans-ich.de
Betreff: Lebensausrichtung
Also dann kommen wir doch mal zum Kern der Sache: Wie
kann ich meinem bzw. unserem Leben aktiv eine neue Richtung

geben? Ich hab dieses alltägliche Grübeln über den Sinn und die Ausrichtung des Lebens echt satt. Besteht das Leben wirklich nur aus Arbeit, Geldverdienen und schließlich Sterben?

Von: *seele@email-ans-ich.de*
An: *verstand@email-ans-ich.de*
AW: *Lebensausrichtung*
Nun beginnst du, dein Bewusstsein zu wandeln, und somit bist du bereits sehr aktiv und veränderst die Ausrichtung der Lebensinhalte ... Natürlich geht das sehr langsam vor sich, wie du dir sicher vorstellen kannst.
Bisher warst du dir lediglich deiner selbst bewusst. Du hast dich als denkender Verstand wahrgenommen, als der Bestimmer im Leben. Allmählich erweitert sich dein Bewusstsein, weil du dir der größeren, unzertrennlichen Anteile der Existenz bewusst geworden bist. Du weißt um die Wichtigkeit des Körpers und um die Weisheit der Seele, und du hast unseren Verstand-Seelen-Dialog per E-Mail begonnen. So wird aus drei wichtigen Teilen langsam eine Einheit. In dieser Einheit wirst du bald erkennen, wie die Facetten des Lebens zusammengesetzt sind. Arbeit, Leistung und Lohn sind lediglich ein Teil des irdischen Lebens. Im universellen Kontext bedarf es anderer Leistungen.

Von: verstand@email-ans-ich.de
An: seele@email-ans-ich.de
Betreff: Plan
Dennoch, ich bin der Verstand und arbeite strategisch. Also, wie sieht der Plan aus? Was muss ich tun, um eine neue Lebensrichtung einzuschlagen?

Von: *seele@email-ans-ich.de*
An: *verstand@email-ans-ich.de*
AW: *Plan*

Ich habe Verständnis für dein Anliegen. Du, der Verstand, brauchst einen detaillierten Plan, eine Strategie, konkrete Schritte und Anleitungen, um dich vorwärtszubewegen, aber andere existenzielle Teile des Lebens funktionieren auf sublimere, feinere Art. Seelen beispielsweise können Entwicklungen beobachten, sie können abwarten und gelassen, wenn auch nicht teilnahmslos, zusehen. Auch der Körper kann sich in einem ruhenden Zustand entwickeln; meist regeneriert er sich dann sogar richtiggehend, was ihm im Aktivmodus nicht möglich ist. Als Verstand bist du willensstark und verfügst über den ständigen Drang, endlich vorwärtszukommen. Darf ich dir vorschlagen, künftig ein ausgewogenes Mischungsverhältnis aus Strategie und Umsetzungswillen einerseits und aus Beobachtung und Reflexion andererseits zu suchen? Können wir uns darauf einigen?

Von: verstand@email-ans-ich.de
An: seele@email-ans-ich.de
AW: AW: Plan
☺ ... Deal!

Von: *seele@email-ans-ich.de*
An: *verstand@email-ans-ich.de*
AW: AW: AW: *Plan*

Ich danke dir für dein Vertrauen.
Darf ich dir als weiteren konkreten Schritt vorschlagen, einige Begriffe genauer zu definieren, damit wir uns bei unseren Dialogen nicht missverstehen? ... Ich spüre dein Einverständnis und danke auch dafür.

Beginnen wir mit dem Begriff Selbstbewusstsein: *Du empfindest bewusst, dass du existierst. Inzwischen empfindest du sogar auch meine Seelen-Existenz bewusst, und wir spüren unseren gemeinsamen Körper, unsere grobstoffliche Hülle, mit all seinen Organfunktionen. Du bist dir deiner selbst bewusst, und der universelle Begriff dafür ist* Selbstbewusstsein. *Einverstanden?*

Von: verstand@email-ans-ich.de
An: seele@email-ans-ich.de
Betreff: Selbstbewusstsein
So weit richtig, aber ... Na ja, 😔 mein Selbstbewusstsein ist manchmal recht stark ausgeprägt, und dadurch fühlen sich die Mitmenschen mitunter überfahren. Aber im Stillen mit mir allein bin ich oft alles andere als kraftvoll, eher zerknirscht, verwirrt, und ich fühle mich nicht wichtig, ab und zu sogar deprimiert ...

Von: *seele@email-ans-ich.de*
An: *verstand@email-ans-ich.de*
AW: *Selbstbewusstsein*
Was du empfindest, ist ganz natürlich, dennoch bist du deiner selbst bewusst, *nicht mehr und nicht weniger. Betrachte diesen Begriff einmal ganz ohne Wertung. Du bist übrigens nicht der einzige Verstand, der Zweifel an sich selbst hat. Zweifel sind derzeit ein sehr weit verbreitetes Phänomen auf Erden, das akuter Hilfe und Heilung bedarf. Unsere Konversation ist ein erster Schritt zur Heilung, denn ohne Selbstzweifel kann keine Veränderung beginnen.*
Lass uns nun den Begriff Bewusstsein *veranschaulichen, der etwas anders definiert wird als* Selbstbewusstsein. *Bewusstsein bedeutet, sich seiner Wirkung auf Erden bewusst zu sein, und dies ist der erste Punkt für deinen Plan zur Neuausrichtung:*

Versuche bitte, dir nicht nur deiner selbst bewusst zu sein (mit
allen Zweifeln oder Überzeugungen), sondern verfeinere dich auch
darin, dir deiner Wirkung auf der Welt bewusster zu werden!

Von: verstand@email-ans-ich.de
An: seele@email-ans-ich.de
Betreff: Bewusstsein
Wie meinst du das? Ich bin doch, wie ich bin, und so wirke ich
auch auf andere …

Von: *seele@email-ans-ich.de*
An: *verstand@email-ans-ich.de*
AW: *Bewusstsein*
Damit meine ich nicht nur die Wirkung auf Mitmenschen,
sondern dein allgemeines Wirken auf Erden als Ausdruck des
Lebens. Was du meinst, ist deine Wirkung auf andere, also wie
andere dich sehen und kennen (mal mehr, mal weniger selbstbe-
wusst beispielsweise, mal mürrisch, mal gutgelaunt). Bewusstsein
beinhaltet jedoch auch, dir über dein Wirken (oder nenne es »über
deine Auswirkungen«) auf das dich umgebende Umfeld bewusst zu
sein. Mach dir deutlich: *Dein Handeln (mit Hilfe des Körpers)*
wirkt auf dein Lebensumfeld, hinterlässt Spuren in deinem
Umkreis und zieht stets spezifische Konsequenzen oder Reaktionen
nach sich.
Ein einfaches Beispiel zur Veranschaulichung: Du als Verstand
regierst den Menschen im Inneren und bringst ihn dazu, un-
freundlich zu den Kollegen im Büro oder in einem Meeting zu
sein, und in der Folge sind die Kollegen auch zu dir unfreundlich,
und in weiterer Folge herrscht keine gute Stimmung im gesamten
Büro- oder Konferenzraum. Wenn du jedoch eine Kollegin
anlächelst, lächelt sie zurück, und die Stimmung im Arbeitsraum

ist freundlich und konstruktiv. Dies sind zwei einfache Handlun-
gen, die deinem Selbstbewusstsein *entspringen: Du lächelst oder du*
bist brummig, lieber Verstand. Verbindest du diese oder andere
Handlungen mit aufmerksamem Bewusstsein, *wird es dir möglich,*
deine Handlungen bewusst *in die eine oder andere Richtung zu*
lenken und zielgerichtet einzusetzen – allerdings sollten deine
Aktionen immer ehrlich sein. Wenn es etwas zu kritisieren gibt,
kann dies auch in einer freundlichen und konstruktiven Atmo-
sphäre geschehen statt in Übellaunigkeit. Das Prinzip bleibt jedoch
das gleiche:
Mit Hilfe von Bewusstsein *entscheidest du, welche Reaktionen und*
Konsequenzen deine Handlungen nach sich ziehen, weil du dir
vorab bewusst darüber geworden bist, dass du der Auslöser bist.

Von: verstand@email-ans-ich.de
An: seele@email-ans-ich.de
AW: AW: Bewusstsein
Ich habe allerdings auch schon festgestellt, dass ich nichts errei-
chen kann, wenn ich andere Leute unfreundlich behandle …
Dabei kommt nie was Gutes raus, und demnach ist es auch nicht
zielführend.
Zugegeben, manchmal fühle ich mich eben selbstbewusster,
wenn ich andere Leute anmaule! ☺

Von: *seele@email-ans-ich.de*
An: *verstand@email-ans-ich.de*
AW: AW: AW: *Bewusstsein*
Ich freue mich über deine rasche Auffassungsgabe und deinen
positiven Willen zur Veränderung, lieber Verstand. Sobald du dir
deiner Wirkung auf die Handlungen bewusst wirst, kannst du die
Handlungen optimieren. Auch dies ist bereits eine kleine Neuaus-

richtung des Lebensalltags. Veränderungen beginnen stets in den
alltägliche Handlungsweisen, bevor große inhaltliche und konzep-
tionelle Lebensveränderungen folgen können. Mit zunehmender
Praxis des Bewusstseins *erreichst du die nächste Stufe der Entwick-*
lung, die in der Seelenwelt Bewusstheit *genannt wird.*

Von: verstand@email-ans-ich.de
An: seele@email-ans-ich.de
Betreff: Bewusstheit
Jetzt wird's interessant! Diese logische Begriffsdefinition gefällt
mir. Mach bitte weiter!

Von: *seele@email-ans-ich.de*
An: *verstand@email-ans-ich.de*
AW: *Bewusstheit*
Bewusstsein *ist die Voraussetzung für* Bewusstheit.
Sobald du beginnst, alle Handlungen mit Bewusstsein *zu erfüllen*
(und zwar bevor du mit Hilfe des Körpers agierst), hast du ein
unschätzbar wertvolles Optimierungswerkzeug in der Hand – für
den ganzen Menschen, sein unmittelbares Umfeld, aber auch für
die gesamte Erdengemeinschaft, die der Heilung bedarf.
Es geht, wie ich bereits erläuterte, bei den gewünschten Lebensver-
änderungen stets darum, dass jeder bei sich selbst beginnt und
nicht darauf wartet, dass die Welt im Äußeren sich endlich
wandelt … und für den inneren Wandel ist Bewusstheit *der*
Generalschlüssel.
Im Zustand der vollkommenen und gegenwärtigen Bewusstheit
wirst du künftig vorab darüber nachdenken, ob diese oder jene
Handlungsweise in einer aktuellen Lebenssituation (im Büro oder
anderswo) förderlich ist oder nicht.

Bewusstsein *bedeutet, Wirkungen zu erkennen.*

Bewusstheit *bedeutet, bewusst zu handeln.*

Bewusstsein *bedeutet, Aufgaben, die das Leben stellt, mechanisch und nach erlernten Mustern zu lösen und die Auswirkungen zu registrieren.*

Bewusstheit *umfasst zusätzlich, die Auswirkungen vorher zu kennen, sie vorab zu reflektieren und bereits vor den Handlungen zu optimieren, um Schaden für sich selbst und andere zu vermeiden. Dieses Instrument der Veränderung ist einzig dem Verstand vorbehalten und kann nur durch dich eingesetzt werden. Mit Hilfe dieser vorangehenden reflektierenden Denkprozesse verfügst du künftig über die Fähigkeit, in* Bewusstheit *zu agieren und deinen Lebenszielen eine andere Ausrichtung zu geben.*

Bewusstes Handeln zum Wohle vieler ist ganz und gar im Sinne *der Schöpfung und erfährt kosmische Unterstützung.*

Von: verstand@email-ans-ich.de
An: seele@email-ans-ich.de
Betreff: Lebensaufgaben

Also, nach dieser Definition habe ich bisher ein völlig unbewusstes Dasein geführt. 😵 Ganz schönen Stoff zum Nachdenken verpasst du mir da. Noch 'ne Frage: Was verstehst du unter »Lebensaufgaben«?

Von: *seele@email-ans-ich.de*
An: *verstand@email-ans-ich.de*
AW: *Lebensaufgaben*

Deinen Schock kann ich nachvollziehen, aber vertraue mir, denn nun wird alles besser und leichter für dich werden, weil du dich auf die aktive Suche gemacht hast und weil du beginnst, nach Planungen und konkreten Schritten zu fragen, was deinen

Verstandesprinzipien entspricht – und das ist gut so, lieber
Verstand. Sei nicht betrübt oder geschockt, denn du machst große
Fortschritte.
Du fragst nach der Begriffsdefinition der Lebensaufgaben. Lebens-
aufgaben und -erfahrungen sind das, was die Seelen für das
kosmische Wissen registrieren und in eine kosmische Chronik
integrieren dürfen, damit es allen Seelen zur Verfügung steht. Die
Lebenserfahrungen sind quasi ein feinstoffliches Speicherformat,
welches auf der Bewerkstelligung der Lebensaufgaben basiert – hier
auf Erden und anderswo. Unbewusste Handlungen im Leben sind
keine idealen Speicherformate, wogegen Handlungen, die mit
Bewusstheit erfüllt sind, für das gesamte Konzept der Schöpfung
sehr hilfreich sind, denn sie bedeuten Entwicklung.

Von: verstand@email-ans-ich.de
An: seele@email-ans-ich.de
Betreff: Muss kurz weg!
Interessant! Ich muss allerdings mal kurz in ein Meeting! Natür-
lich lächelnd … nicht maulend! ☺

Von: verstand@email-ans-ich.de
An: seele@email-ans-ich.de
Betreff: Welt
Dieses Meeting hat leider doch zwei Stunden gedauert, war aber
ungeheuer interessant, weil ich unmittelbar deine Tipps eingesetzt habe, werte Seele! ☺
Ich hab mich nämlich bei jeder Meinungsäußerung gefragt, was
ich mit diesem Standpunkt erreichen möchte und welche Konsequenzen eine bestimmte Handlungs- bzw. Sprachweise nach
sich ziehen. Interessanterweise hat mir diese reflektierende Art
zu denken in der Diskussionsrunde eine neue, mir bisher unbe-

kannte Akzeptanz entgegengebracht. Auch wenn ich von diversen Standpunkten völlig überzeugt bin, war und ist es augenscheinlich hilfreicher, diese nicht rotzig und diktatorisch, sondern sachlich und freundlich vorzutragen. So war das Meeting viel weniger stressig für mich als sonst üblich.

Allerdings habe ich auch deutlich gespürt, dass viele Kollegen gerade überhaupt nicht mehr wissen, wo sie stehen und in welche Richtung sie gehen sollen – nicht nur beruflich oder arbeitstechnisch, sondern überhaupt im Leben. Scheinbar leiden auch andere unter der morgendlichen Gedankenflut bzgl. der Lebenssinnfragen, nur spricht niemand offen darüber.

Ist das normal? Was ist los mit der Welt?

Von: *seele@email-ans-ich.de*
An: *verstand@email-ans-ich.de*
AW: *Welt*

Wir Seelen spüren auch, dass so viele Menschen in diesen Zeiten verwirrt und orientierungslos sind. Es ist ein aktuelles Phänomen, das allerdings aus kosmischer Sicht nicht völlig überrascht, da auf Erden die Zeit des Wandels gekommen ist. Mitunter führt dies zu Orientierungslosigkeit, was sich aber ändern wird, sobald die Menschen anfangen, ihre Bewusstheit zu entwickeln.

Wunderbar war und ist, wie du deine neue Reflexionstechnik direkt bewusst eingesetzt hast. Es ist ein nützliches Geschenk, wenn man lernt, bewusster zu denken, zu handeln. Du hast deutlich gemerkt: Mit Freundlichkeit und Bedachtheit erreichst du viel mehr. Dies hinterlässt Spuren bei den Kollegen, denn du stehst in Interaktion mit vielen anderen Menschen, die noch keinen Kontakt zu ihrer Seele gefunden haben und die nicht von innen heraus gecoacht werden. Ohne den Zugang zu innerem Coaching ist es sozusagen normal, dass die Kollegen noch nicht wissen, wo sie stehen und was sie tun sollen.

Folgende Information ist auch noch wichtig für dich: Die veränderten Denk- und Handlungsschritte erfolgen nun mit mehr Achtsamkeit, und diese Achtsamkeit birgt deine veränderte Schwingung in sich. Diese veränderte Schwingung wird auf andere Menschen einwirken und langsam aber stetig auch bei ihnen Veränderungen hervorrufen ... und zwar ohne Argumente, Diskussionen oder Diktate, es passiert einfach, indem du dich selbst bewusst beobachtest und achtsamer handelst. Du wirkst auf dein Umfeld ein, hinterlässt Spuren und wirst deine Umgebung verändern, indem du deine Achtsamkeit zulässt.

Von: verstand@email-ans-ich.de
An: seele@email-ans-ich.de
AW: AW: Welt
Meinst du damit, dass ich, der Verstand, die Fähigkeit besitze, die Welt zu verändern? Aber die Welt scheint doch gerade auf das Ende zuzusteuern! Jeden Tag gibt es neue Hiobsbotschaften über den Irrsinn in dieser Welt. Man ist ja schon ganz abgestumpft angesichts der Katastrophen- und Krisenmeldungen – egal ob sie die Wirtschaft, die Politik, Länder, Völker oder die Natur betreffen. Wie sollte ich daran etwas ändern können? Hab genug mit mir selbst zu tun ...

Von: *seele@email-ans-ich.de*
An: *verstand@email-ans-ich.de*
Betreff: *Welt im Wandel*
Ich weiß, was du meinst. Es betrübt uns, zu sehen, wie viel Angst und Sorgen und Aggression sich derzeit unter der Menschenzivilisation auf der Erde verbreiten.

Diese Emotionen berühren uns, denn Seelen sammeln Erfahrungen in Verbindung mit Emotionen. Wir speichern Erkenntnisse in Zusammenhang mit Gefühlen wie Glück oder Traurigkeit, Harmonie oder Schmerz, Angst oder Freude. Daher kann ich deine Sorgen und Bedenken über Weltenwahn erspüren, die dir und deinen Mitmenschen heutzutage immer bewusster werden.

Dennoch darf ich dir mitteilen, dass du und deine Verstandeskollegen die Fähigkeiten besitzen, die Welt zu verändern – genauer gesagt habt nur *ihr die Möglichkeit, dies zu tun, denn ihr seid ein essenzieller Teil des Wandels.*

So wie du begonnen hast zu fragen, wie du dem Leben eine neue Richtung geben kannst, beginnen auch andere Verstände diese Überlegungen anzustellen.

Indem du dir des Zustands der Welt bewusst wirst, erkennst du, werter Verstand, einen weiteren wichtigen Baustein, der für wünschenswerte Veränderungen notwendig ist. Du erkennst nun, dass du die Welt und das Schicksal der Weltengemeinschaft nicht allein zu ändern vermagst, aber du bist ein wichtiger Teil des Ganzen und stets in Verbindung mit dem Ganzen, das aus vielen Menschen, vielen Verständen, vielen Seelen, der Erde und dem Kosmos besteht.

Ab dem Moment, ab dem du dich, dein Denken und Handeln veränderst, ab dem Zeitpunkt, an dem du beginnst, Bewusstheit zu entwickeln und bewusster zu leben, wird dies Auswirkungen auf das unmittelbare und auf das weitere Umfeld haben, und so werden von dir und deinem Wandel weitere Teile des Ganzen und viele andere Menschen beeinflusst, die wiederum ihrerseits andere Menschen beeinflussen.

Von: verstand@email-ans-ich.de
An: seele@email-ans-ich.de
AW: Welt im Wandel
Du meinst, meine Gedankenenergie verändert das ganze System?

Von: seele@email-ans-ich.de
An: verstand@email-ans-ich.de
AW: AW: Welt im Wandel
So ist es!
So ist es jedoch nicht nur im positiven Sinne, denn der Einfluss der Verstände auf die Welt hat die Welt in den Zustand gebracht, in dem sie sich jetzt befindet. Hinter den von dir bemerkten Hiobs-botschaften stehen natürlich Gedankenkonstrukte, die auf der Verstandesebene entstanden sind und sich durch Neid, Habgier, Egoismus, Expansionsdrang und Aggression ausdrücken. Dies endet im Aufbau von Wirtschafts- und Kriegsmacht, in Ungerechtigkei-ten, Konflikten oder der Ausbeutung der Natur.
Sobald du, lieber Verstand, und viele andere deiner Mitdenker – getragen von dem Wunsch nach Wandel und Neuausrichtung – be-ginnen, positive Energie in die Systeme einzuprogrammieren, wird dieser freundliche Energieschub sich über viele Wege ausbreiten und sich als neues Programm selbständig fortschreiben.

Von: verstand@email-ans-ich.de
An: seele@email-ans-ich.de
Betreff: Update?
Meinst du eine Art Update? Wenn ich mich verändere, verändert sich die Welt? Wäre durchaus möglich, denn Computerviren verbreiten sich ja auch blitzschnell im Internet.

Von: *seele@email-ans-ich.de*
An: *verstand@email-ans-ich.de*
AW: *Update?*

Dein Vergleich ist durchaus passend, nur ist dieses Update kein krankmachender Virus, der sich ausbreitet, sondern das heilende Immunsystem, welches mit deiner Hilfe wieder neue Energie und Kraft gewinnt. Die Verbreitung und Übertragung von Daten im modernen Internet auf Erden vollzieht sich auf elektronischem Weg, wogegen dieses Netzwerk eine Art technologisches und frisches Bewusstsein für den Globus darstellt, mit dessen Unterstützung sich Informationen rasch ausbreiten. Man kann diese neue Form des Austausches fast feinstofflich nennen.

Das Prinzip des Internets gilt auch für die Zusammenhänge des menschlichen Denkens und Handelns, die ebenfalls netzartige Ausbreitung finden (ähnlich wie das Lächeln für eine Kollegin, die zurücklächelt und dann auch andere anlächelt, die wiederum weitere Menschen anlächeln). Alle konkreten Handlungen und Denkweisen wirken sich letztendlich in der grobstofflichen, materiellen Welt aus. Dieses Prinzip der veränderten Schwingung vermag jeder Verstand, der Bewusstheit als neues Lebenskonzept verstanden hat, gezielt einzusetzen und zu nutzen, um dem Leben und der gesamten Welt eine neue Ausrichtung zu geben. Und dies ist ja dein Wunsch … und nicht nur deiner, sondern der Wunsch von sehr vielen Menschen.

Von: verstand@email-ans-ich.de
An: seele@email-ans-ich.de
AW: AW: Update?

Liebe Seele, bitte sei so nett und erläutere mir das etwas genauer. Was kann ich denn konkret tun, um Veränderungen herbeizuführen? ☺

53

Von: *seele@email-ans-ich.de*
An: *verstand@email-ans-ich.de*
AW: AW: AW: *Update?*

Genau genommen musst du gar nicht viel tun. Verstärke täglich und in allen Handlungen deine Bewusstheit, werde dein eigener, aufmerksamer Beobachter, und lass deine neue Bewusstheit einfach wirken.

Der essenzielle Schritt für Veränderungen in deiner und in der gesamten Welt ist, achtsamer zu werden und sich seiner Gedanken und Handlungen permanent bewusst zu sein. Dazu solltest du immer ganz präsent sein, in jedem Augenblick des Lebens. Du musst dich nur selbst beobachten und auf die innere Stimme, auf meine Seelenstimme hören … Wenn du das regelmäßiger, häufiger und schließlich automatisch tust, werden dein Denken sowie das Handeln stetig achtsamer werden. Durch mehr Achtsamkeit wirst du liebevoller und weniger egoistisch auf andere wirken und dann geschieht Magisches …

Von: verstand@email-ans-ich.de
An: seele@email-ans-ich.de
Betreff: Magie

Magie? Jetzt werden wir aber wieder sehr esoterisch. Ich mag das nicht so bzw. kann damit noch nichts anfangen. Magie wie »Wenn ich lächle, lächelt jemand zurück«? Wirkt diese Magie (ich würde es eher Methode nennen) auch in anderen Bereichen? Meinst du Magie, die sich wie eine Frequenz ausbreitet, wie musikalische Schwingung? So was könnte ich rational nachvollziehen. Es ist zudem offenkundig, dass Veränderungen, die von oben diktiert und z. B. von der Politik aufoktroyiert werden, nicht funktionieren, also ist eine systemisch-methodische Ausrichtung vonnöten. ☹

Von: *seele@email-ans-ich.de*
An: *verstand@email-ans-ich.de*
AW: *Magie*

Lieber Verstand,

lass deine neue Schwingung einfach wirken. Das ist die Magie, ja, ganz genau so, wie eine schöne Melodie magische Wirkung hat.

Die menschliche Zivilisation der Erde hat mit deiner und der Hilfe aller Verstände in den letzten Jahrhunderten eine Welt des Fortschritts mit vielen positiven Errungenschaften geschaffen, die der Verbreitung der Menschheit gedient und zu partiellem Wohlstand geführt haben. Allerdings wurde zunehmend persönliches Wachstum mit Wirtschaftswachstum gleichgesetzt, und hierin verbirgt sich das eigentliche Problem, welches nun immer mehr zu Schwierigkeiten führt.

Das angestrebte Ideal des Wohlstands für alle Erdenbewohner ist zu einer ausschließlich materiellen Anhäufung modifiziert worden – das Ergebnis zeigt sich in einem partiellen, nur wenigen Menschen zugänglichen Reichtum. Geld und Besitz, Gier, Macht und Egoismus sind die geltenden Werte – anstelle von Maximen wie Gemeinschaftssinn, Spiritualität, Feingefühl und Ethik.

Jetzt, nachdem du, werter Verstand, einen kleinen Einblick in das große Ganze gewonnen hast und besser verstehst, wie Körper, Verstand und Seele zusammenspielen, und nachdem du zunehmend darüber sinnierst, wie das Universum funktioniert, stell dir bitte selbst die Frage: Glaubst du, dass das Geld, dem die Menschen einen so enormen Wert beimessen, für die Entwicklung des großen Ganzen der universellen Schöpfung relevant ist? Überlege doch nur mal bei dieser Frage, wie lange es überhaupt erst existiert.

Von: verstand@email-ans-ich.de
An: seele@email-ans-ich.de
AW: AW: Magie
Wohl kaum …

Von: *seele@email-ans-ich.de*
An: *verstand@email-ans-ich.de*
Betreff: *Modifikation*
Du machst das sehr gut – sobald du bewusst hinspürst, erkennst du die richtigen Zusammenhänge. Im Kontext des Universums und der wundervollen Schöpfung sind Werte, die ausschließlich auf Materie beruhen, keine realen Werte, denn die grobstoffliche Materie im gesamten Universum ist vergänglich und ständiger Modifikation unterworfen. Moleküle kommen und gehen, Vulkangestein wird mal fest, mal flüssig, Wasser ist kalt und dann wieder warm oder löst sich in Dampf auf. Die Materie »Geld« ist eine Erfindung der Menschen, die meinen, dass es ewiglich währt. Geld hatte ursprünglich den Sinn, leichter Handel zu betreiben und Lebensmittel und Produkte gegen Geldwert einzukaufen oder zu verkaufen. Vermagst du zu definieren, für was Geld heute steht?

Von: verstand@email-ans-ich.de
An: seele@email-ans-ich.de
AW: Modifikation
Äh … also … hmmm … 😕 Nun, eigentlich wird heute alles mit dem Vergleichswert Geld gehandelt! Jegliche Produktionen, Produkte und Dienstleistungen. Einfach alles. Materielle Absicherung ist selbstverständlich ein wichtiger Teil unserer Zivilisation!

Von: *seele@email-ans-ich.de*
An: *verstand@email-ans-ich.de*
Betreff: *Geldwert*

Du hast das gut erkannt: Alles auf Erden wird am Geldwert gemessen. Wenn Geld jedoch nur einer von vielen Teilen der Zivilisation wäre, würden die Menschen und du jetzt nicht so sorgenvoll und erschüttert sein über den Weltenwahn, über die Hiobsbotschaften und über das Zusammenbrechen der Systeme, die auf Geld basieren und alles durchdringen. Wenn der Geldwert nur eine Säule der Zivilisation wäre, wären andere tragende Säulen noch vorhanden.

Genauer betrachtet ist es so, dass der Materialismus das einzige Fundament der menschlichen Gesellschaft ist, und dieses materielle Fundament kommt noch nicht einmal der gesamten Erdbevölkerung zugute, wie Armut, Hungersnöte und zunehmende soziale Unausgewogenheit in vielen Industriestaaten zeigen. Der Geldwert ist folglich weder ein sicheres noch ein gerechtes Instrument zur Absicherung der Zivilisation und keineswegs die einzig essenzielle Maxime, wie viele irrtümlich glauben.

Mit deiner zunehmenden Bewusstheit werden du und viele andere Verstände diese Zusammenhänge besser erkennen und das Augenmerk von der Anhäufung von Gütern auf wahrhaftige Werte richten, die schon immer vorhanden waren, jedoch verdrängt wurden, wie beispielsweise das Ideal der Gleichheit aller Menschen. Solange die Gedanken durch Egoismus statt durch Bewusstheit (zur Erinnerung: Bewusstheit bedeutet, sich seiner Handlungen und deren Auswirkung auf andere gänzlich bewusst zu sein und somit die Handlungen in der Art zu steuern, dass sie möglichst dem Wohle vieler dienen) geprägt werden, werden Geld und Materie nie gleichteilig allen Menschen zugutekommen, obwohl von beidem sehr viel vorhanden ist.

Aktuell kommt bei der Erdzivilisation noch ein weiterer Umstand hinzu: Inzwischen wird nicht nur Geld gegen real existierende Waren und Produkte getauscht, sondern es wird Geld gegen Geld und Zinsen gehandelt. Dies führt nun zum Zusammenbruch des gesamten Systems des Kapitals, da virtuelles, fiktives, also nicht existierendes Geld an den Börsen der Welt getauscht, illusionistisch vermehrt und weiter verliehen wird. Bewusst betrachtet ist diese Situation paradox und nicht weiter fortsetzbar.

Von: verstand@email-ans-ich.de
An: seele@email-ans-ich.de
Betreff: Schock

Wenn ich überlege, wer das Wertesystem Geld erfunden und forciert hat, erkenne ich Schreckliches: Ich war's …! Zwar nicht alleine, aber die Verstände der Welt haben den Geldhandel und das alles erfunden. 😮 Die Gier … wir …! 😮 Ich hab das bisher noch nie so gesehen, aber so, wie du es mir erklärt hast, scheint es nachvollziehbar.

Von: *seele@email-ans-ich.de*
An: *verstand@email-ans-ich.de*
AW: *Schock*

Lieber Verstand, du machst gerade einen wesentlichen Schritt in Richtung Bewusstheit und zukünftigem Weltenwandel – du übernimmst Verantwortung. Mögen dies noch viele weitere deiner Verstandeskollegen tun, denn es ist entscheidend für den Wandel im kosmischen Kontext, in dem Geld wiederum gar keine Rolle spielt. Mach dir bewusst: *Die Börsen spekulieren oberflächlich betrachtet auf monetäre Zugewinne oder Verluste in der Zukunft, aber eigentlich spekulieren sie mit den Ängsten der Menschen um materielle Verluste. Ängste wiederum sind das Gegenteil von*

inneren und stabilen Werten und Idealen, die übrigens in den
letzten Jahrzehnten vergessen wurden.

Von: verstand@email-ans-ich.de
An: seele@email-ans-ich.de
Betreff: Ideale

Es gefällt mir zwar nicht, aber langsam werden mir die Zusammenhänge klar. Wir hängen am Geld, obwohl man das noch nicht einmal essen kann. Nährwert gleich null. Die gigantische Luftblase des Geldhandels implodiert, und es wird sicher schwierig werden, den Menschen wieder andere Ideale zu verdeutlichen. Ich sehe nicht, wie das im Großen gehen soll – andererseits, wenn ich es schaffe, eine neue Lebensausrichtung einzuschlagen, sollte dies auch anderen intelligenten Verständen möglich sein.

Ehrlich gesagt, über die Tragweiten dieser Fakten muss ich einige Zeit nachdenken, und ich muss neue Lösungsansätze suchen. Ich hab Denkfutter, und der Körper ist hungrig. Daher verabschiede ich mich bis morgen. Eins noch: Hab ich mir schon ein neues Passwort verdient?

Von: *seele@email-ans-ich.de*
An: *verstand@email-ans-ich.de*
Betreff: *Passwort 2*

Ernähre unseren Körper gesund, und ruh dich aus. Während der
nächtlichen Traumphasen hast du Zeit, die neuen Erkenntnisse zu
verarbeiten … Und sinniere über den neuen kosmischen Coaching-
Tipp für heute. Hier das Passwort 2:

Agiere bewusst, und verändere die Welt!

Dritter Dialog:
Wie werde ich meinen Frust los?

Über scheinbare Machtlosigkeit,
von Vergangenheit und Zukunft
und über Wahlmöglichkeiten

Von: verstand@email-ans-ich.de
An: seele@email-ans-ich.de
Betreff: Frustration

Liebe Seele, ich hab viel über unseren letzten Dialog nachgedacht, über das Weltensystem des Geldes und was ich und alle Verstände darin für eine Rolle spielen. Jetzt fühle ich mich, ehrlich gesagt, ziemlich frustriert und ausgelaugt und weiß nicht, wie ich aus diesem dunklen Loch wieder rauskommen kann. Kannst du mir helfen?

Von: seele@email-ans-ich.de
An: verstand@email-ans-ich.de
AW: Frustration

Lieber Verstand, ich habe schon gemerkt, dass du dich nicht so gut fühlst – ich fühle mit dir, denn wie du weißt »Wir sind viele, und zusammen sind wir eins!« Ich bin also immer ganz nah und fühle als Seele deine Stimmungen.
Mein Rat an dich ist: Überfordere und beschuldige dich nicht, denn du bist nicht für alles alleine verantwortlich.
Du hast über mich Zugang zu vielen neuen Informationen bekommen, die ich gerne an dich weitergebe, aber mitunter ist es für dich verständlicherweise nicht einfach, all die Botschaften im Kopf zu sortieren. Versuche, Geduld zu entwickeln, denn das Verständnis für die großen Zusammenhänge der Welt benötigt Zeit, um Wirkung in der Tiefe zu entfalten. Dieses Wissen kann außerdem nur intuitiv erfasst werden – was wiederum eine für dich ganz neue Art des Denkens darstellt. Du gehst neue Wege der Erkenntnis, du hast dich auf die Suche nach einer neuen

Lebensausrichtung in Wahrheit und Weisheit begeben. Dies
ist ein langwieriger Prozess. Es ist ein Weg, der mal steinig,
mal eben, mal leichter und mal frustrierender ist. Alle Seelen
wissen von diesen mentalen Schwierigkeiten, und deswegen
teilen wir das kosmische Wissen nur auf Anfrage und auch nur
dosiert.
Vermagst du zu sagen, was genau dich frustriert?

Von: verstand@email-ans-ich.de
An: seele@email-ans-ich.de
AW: AW: Frustration
Wir sprachen letztens über den Wert des Geldes in unserer Zivilisation und über die Geldblase, die quasi aus Luft besteht.
Plötzlich wurde mir erschreckend klar, dass meine gesamten Le-
benszielsetzungen auf finanzielle Absicherung ausgerichtet
sind – und auf nichts anderes. Arbeitsleistung gegen Geld – und
doch reicht es nie bis Monatsende. Besitz gegen Geld – und
doch fühle ich mich nicht wohlhabend und will immer mehr.
Versicherungen gegen Geld – und doch fühle ich mich nicht sicher bis ans Ende aller Tage. Ganz im Gegenteil – ich habe eher
Angst, das angehäufte Geld zu verlieren, zu verarmen. Bei all
diesen Punkten hilft mir das Passwort 2 *»Agiere bewusst, und verändere die Welt!«* nicht wirklich weiter ... und das frustriert
mich. 😢

Von: *seele@email-ans-ich.de*
An: *verstand@email-ans-ich.de*
AW: AW: AW: *Frustration*
Ich fühle deine Misere, dennoch gratuliere ich dir, weil du schnell
gute Erkenntnisse gewinnst und Zusammenhänge erfasst, die dir
bisher gar nicht bewusst waren. Du erkennst inzwischen, dass

Geld keinen Mangel ausgleichen und dir auch keine wirkliche
Sicherheit garantieren kann.

Du benötigst neue Motivation, aber mach dir vorher bewusst,
dass deine Verstandessoftware aus verschiedenen und durchaus
autark laufenden Unterprogrammen besteht. Eines dieser
Programme, das meist aktiv ist, neigt dazu, alles negativ zu sehen
oder als Katastrophe zu bewerten. Versuche, Kontrolle über dieses
Unterprogramm zu gewinnen, und versuche auch, ein weiteres
Unterprogramm namens Ungeduld in den Griff zu bekommen,
denn dieses Gedankenmuster will immer alles augenblicklich
haben und umsetzen, was jedoch bei Bewusstheitsprozessen nicht
möglich ist. Die Veränderungen der Gedankensysteme brauchen
Zeit, da sie bisher autark und automatisch abliefen. Sobald du
dir deiner unbewussten Routinen gewahr wirst, wirst du weniger
frustriert sein.

Frustration ist übrigens ein Zustand, der meist zu Veränderungen
anregt. Er birgt per se gute Energien in sich und kann sehr
motivierend sein. Er darf nur nicht überhandnehmen, weil es dich
dann blockiert, statt dich zu motivieren.

Du bist auf einem guten Weg, bewusster und weiser zu werden
und klarer zu erkennen. Die rein rationale und monetäre
Betrachtung der Welt bringt die Menschheit im derzeitigen
Weltenwirrwarr tatsächlich nicht weiter. Das Kalkül der Ratio
(ein weiterer Programmanteil deiner Software) zeichnet durchaus
für die momentane globale Situation verantwortlich, aber deine
aktuelle Erkenntnis, dass dies so ist, beinhaltet auch die Möglichkeit, es bewusst zu ändern.

Ein weiteres Problem der Ratio liegt darin, lediglich die Vergangenheit und die Zukunft zu betrachten.

Von: verstand@email-ans-ich.de
An: seele@email-ans-ich.de
AW: AW: AW: AW: Frustration

Aus was soll sich die Ratio sonst zusammensetzen? Ich besteh doch nur aus Vergangenheit (= Erfahrungen) und Zukunft (= Pläne auf der Basis von Erfahrungen). 😵

Von: seele@email-ans-ich.de
An: verstand@email-ans-ich.de
Betreff: *Vergangenheit und Zukunft*
Darf ich dir ein kleines Experiment vorschlagen?
Ich spüre dein Einverständnis und danke dafür.
Analysiere bitte, wann der jetzige Moment stattfindet. In der Vergangenheit? In der Zukunft? Was ist jetzt?

Von: verstand@email-ans-ich.de
An: seele@email-ans-ich.de
AW: Vergangenheit und Zukunft

Nochmals Protest! 😠 Ich bin und denke doch gerade im Jetzt! Ich mache mir *jetzt* Sorgen, bin *jetzt* frustriert. JETZT!

Von: seele@email-ans-ich.de
An: verstand@email-ans-ich.de
AW: AW: *Vergangenheit und Zukunft*
Deine Frustration erwächst aus dem Betrachten der Vergangenheit und dem vorauseilenden Kalkulieren der Zukunft – dabei überspringst du die Gegenwart! Bedenke diesen Satz, der universelle Gültigkeit hat:
Was gestern war, war, und was morgen sein wird, wird morgen sein. Das wirkliche Leben geschieht im Jetzt.
Befindest du dich mit deinen Sorgen wirklich im Jetzt? Um deine

Frustration zu minimieren, möchte ich dir ein weiteres Experiment
vorschlagen: Frage dich ehrlich, welche Sorgen du jetzt, jetzt *in*
diesem Moment hast. Bist du jetzt krank? Hast du jetzt *Hunger?*
Ist jetzt *dein Bankkonto leer? Welche Probleme hast du wirklich*
jetzt? … Und jetzt? *… Und* jetzt *in dieser Sekunde …?*

Von: verstand@email-ans-ich.de
An: seele@email-ans-ich.de
AW: AW: AW: Vergangenheit und Zukunft
Na ja, also auf die Fragen nach dem Befinden im Jetzt, also auf
die Sekunde des Augenblicks ausgelegt, muss ich dir, Seele, wohl
ehrlich antworten: *Jetzt* und augenblicklich habe ich keine konkreten Probleme.

Von: *seele@email-ans-ich.de*
An: *verstand@email-ans-ich.de*
AW: AW: AW: AW: *Vergangenheit und Zukunft*
Wenn du wirklich ganz und gar wahrhaftig im jeweils jetzigen
Moment verweilst, hast du in der Gegenwart des Augenblicks gar
keine Sorgen, aus denen Frustration erwachsen könnte. Jedenfalls
nicht, solange du, lieber Verstand, beziehungsweise unser Körper
nicht akut unter Schmerzen leiden oder das körperliche Leben
wirklich bedroht ist. Deine Sorgen sind Berechnungen deines
durchaus und zu gegebener Zeit fähigen Ratio-Programms, das auf
allen Erfahrungen der Vergangenheit basiert. Du erstellst und
errechnest auf dem Fundament der bereits lange verstrichenen und
unabänderlichen Vergangenheit Modelle und Szenarien für die
Zukunft, die aber noch gar nicht eingetreten ist und vermutlich
auch gar nicht so eintritt, wie du sie dir ausdenkst.
Würde alles in der Zukunft genauso eintreten, wie es in der
Vergangenheit schon einmal war, gäbe es keine Evolution, weder

bei einzelnen Wesen noch irgendwo auf der Erde und auch nicht im großen Kosmos. Die Zeit und das Leben würden stillstehen, es würde keine Bewegung geben, wenn alles so wie in der Vergangenheit immer wieder passiert. Es gäbe keine Zukunft, denn die Vergangenheit würde sich ständig wiederholen, nichts würde sich fortentwickeln.

Von: verstand@email-ans-ich.de
An: seele@email-ans-ich.de
AW: AW: AW: AW: AW: Vergangenheit und Zukunft
Liebe Seele, mir dämmert langsam, was du meinst, aber so ganz klar kriege ich das noch nicht. Kannst du mir bitte anschauliche Beispiele geben?

Von: seele@email-ans-ich.de
An: verstand@email-ans-ich.de
Betreff: Zukunftsfragen
Gerne übermittle ich dir einige Beispiele, lieber Verstand. Du denkst beispielsweise: »Ich muss Geld auf dem Bankkonto haben, falls ich mal krank werde und wenn ich älter bin!« Aber vielleicht wirst du gar nicht krank, vielleicht wirst du gar nicht alt?
Oder du denkst: »Ich muss arbeiten, um meine finanziellen Verpflichtungen einhalten zu können!« Aber vielleicht brauchst du gar keinen Kredit, keine Versicherungen, kein Haus? Vielleicht genügt eine kleine Wohnung oder eine einfache Hütte im Wald oder am Strand? Oder vielleicht können die Versicherungen dir deine Rente gar nicht auszahlen, weil das finanzielle System weltweit endgültig zusammenbricht? Vielleicht überlebt die Menschheit auch ohne Geld, und die Menschen arbeiten wieder für Naturalien oder für eine Gegenleistung?

Wenn du ehrlich zu dir und dir deiner bewusst bist, wirst du erkennen, dass es deine fiktiven Berechnungsmodelle sind, die dich frustrieren, weil du und aktuell die meisten Verstände der Menschen feststellen: Vergangenheit ist nicht gleich Zukunft, und bisher erdachte Szenarien könnten auch ganz anders aussehen. Diese fulminante Erkenntnis frustriert dich jedoch nur so lange, bis du dir die Frage stellst: Wann findet eigentlich das Leben konkret statt? Wann ist die Welt eigentlich real? In der vergangenen Vergangenheit? In der noch nicht vorhandenen Zukunft? Oder im Jetzt?

Von: verstand@email-ans-ich.de
An: seele@email-ans-ich.de
AW: Zukunftsfragen
Aber ich war doch immer so aktiv und engagiert, habe versucht, alles richtig zu machen und vorauszuplanen. Ich fühl mich echt nicht gut, wenn ich nicht weiter agieren und addieren kann. Ich brauche konkrete Werte, mit denen ich kalkulieren kann!

Von: *seele@email-ans-ich.de*
An: *verstand@email-ans-ich.de*
Betreff: *Werte*
Welche konkreten Werte sind dir denn wirklich wichtig?

Von: verstand@email-ans-ich.de
An: seele@email-ans-ich.de
AW: Werte
Ähm … also, du verstehst es wirklich, mir auf den Zahn zu fühlen! 🙂 … Da fällt mir eigentlich nur der Wert des Geldes ein … 🙁

Von: *seele@email-ans-ich.de*
An: *verstand@email-ans-ich.de*
AW: AW: *Werte*
Ich spüre, dass in dir noch mehr Wertvolles steckt. Fühlst du keine moralischen oder ethischen Werte in dir?

Von: verstand@email-ans-ich.de
An: seele@email-ans-ich.de
AW: AW: AW: Werte
Na ja, da gibt es schon noch ethische Maximen, wie nicht gewalttätig sein, ehrlich sein, gerecht sein und fair handeln und behandeln, freundlich sein, lieben und geliebt werden … halt alle Werte, die damit zu tun haben, wie auch ich selbst gerne von Mitmenschen behandelt werden möchte.

Von: *seele@email-ans-ich.de*
An: *verstand@email-ans-ich.de*
AW: AW: AW: AW: *Werte*
Es ist die oberste Direktive aus der Sicht der Schöpfung und der Seelen, andere Wesen stets so zu behandeln, wie man selbst behandelt werden möchte. Alle von dir genannten Werte sind wahrhaft kosmische Werte, die überall im Universum gelten. Dem Wert des Geldes misst die Schöpfung keine Bedeutung bei, weil für die Umsetzung der essenziellen kosmisch-ethischen Maximen kein Geld benötigt wird.

Von: verstand@email-ans-ich.de
An: seele@email-ans-ich.de
AW: AW: AW: AW: AW: Werte

Ich sehe ein, dass Geld mit der Umsetzung ethischer Werte – oder kosmischer Maximen, wie du sie nennst – nichts zu tun hat. Genau genommen wirkt die Gier nach Geld diesen ethischen Werten sogar entgegen, denn Liebe kann man eh nicht kaufen, und Geld verführt zu Neid, dieser wiederum führt zu Ungerechtigkeit oder gar Gewalt. Zusammenfassend analysiere ich das so: Weil ich denke, dass ich in der Vergangenheit zu wenig Geld hatte, will ich für die Zukunft mehr haben, um mir Sicherheit vorzugaukeln. In der Folge nutze ich eventuell sogar andere Leute aus, um mehr Geld zu bekommen – und somit reagiere ich ungerecht.

☺ Langsam geht mir ein Licht auf! Meine Frustration beruht auf einem Mix aus mangelnder Präsenz im Jetzt und einer falschen Werteskala, richtig?

Von: *seele@email-ans-ich.de*
An: *verstand@email-ans-ich.de*
Betreff: *Jetzt*
Das hast du korrekt erfasst.
Deine bisher geltende Werteskala – und die anderer Verstände – löst sich auf und wird hinfällig. Dies bereitet Probleme, Sorgen und Ängste, wenn man es nicht vermag, sich von der Vergangenheit zu lösen und von Zukunftsfiktionen zu lassen. Wenn man jedoch im Jetzt verweilt und in jedem jetzigen Moment präsent lebt, gibt es keinen Grund, zu resignieren oder frustriert zu sein, weil man in jeder Sekunde ein neues Leben beginnt und sich neu definiert. Es geht im Jetzt darum, sich allen augenblicklichen Veränderungen anzupassen. Diese Modifikationen gelingen nur

aus der Kraft des Augenblicks heraus, denn dann basieren sie weder
auf Ängsten noch auf Fiktionen der Zukunft.
Das Jetzt stellt die einzige Sicherheit des Lebens dar, denn im
Jetzt – und nur im Jetzt – ist man mit der Urquelle der Schöpfung
verbunden.
Lieber Verstand, verbleibe ganz im Hier und Jetzt, und analysiere
immer im momentanen Augenblick, ob dich wirklich etwas
frustriert. Und wenn das so ist, dann untersuche, was genau dich
frustriert und worin die Ursache dieser Frustration liegt. Dann
werden dir für die momentane Situation auch Lösungen einfallen.
Auf diese Art – wenn du dich immer aus dem Zeitfenster des Jetzt
betrachtest – kannst du dich selbst aus einem entstehenden Loch
der Dunkelheit ziehen und neue Ziele und neue Maximen
erwählen. Menschen haben stets die Möglichkeit zum Wandel, also
eine freie Wahl, wie sie ihr Leben gestalten wollen – das hat die
Schöpfung so vorgesehen. Jeder Tag, jeder Moment ist eine neue
Chance.

Von: verstand@email-ans-ich.de
An: seele@email-ans-ich.de
AW: Jetzt

Wenn ich unsere Support-Konversation vollends durchdenke,
scheint mir meine bisherige Existenz immer sinnloser, aber ich
fühle mich weniger frustriert, weil ich nun die Zusammenhänge
besser kenne. Allerdings dachte ich, durch den Kontakt zu dir
und mit deinem Seelen-Coaching wird alles einfacher. Stattdessen wird mir immer klarer, dass meine Existenz auf nichtigen
Werten aufgebaut ist, und ich verliere langsam jeglichen Halt.
Wird das bald besser werden? Support heißt doch nicht, den
Boden unter den Füßen wegzuziehen, sondern neues Terrain,
Zuversicht und Hoffnung zu finden, oder?

Von: *seele@email-ans-ich.de*
An: *verstand@email-ans-ich.de*
Betreff: *Besserung*
Alles wird bald besser werden.
Es ist nicht hilfreich, eine neue Lebensausrichtung auf ein altes
Fundament aufzubauen, und weil nun das alte Fundament
bröckelt, scheint es dir so, als ob du den Halt verlierst. Ich, als die
Seele, bin dazu da, dir Halt zu geben und dich nötigenfalls
aufzufangen. Vertraue mir!

Von: verstand@email-ans-ich.de
An: seele@email-ans-ich.de
Betreff: To do
Dann ist wohl jetzt mal ein Dankeschön an dich angebracht,
liebe Seele. ☺
Es ist nicht einfach für mich, zu erkennen, dass ich nicht, wie ich
bisher dachte, alles im Griff und unter Kontrolle habe. Das ist
auch am Arbeitsplatz so. Ganz konkret ist es z. B. gerade der
Chef, der nervt. Aber auch andere Dinge sind schwierig. Schät-
ze, das wird eine sehr lange To-do-Liste …

Von: *seele@email-ans-ich.de*
An: *verstand@email-ans-ich.de*
AW: *To do*
Du hast recht, es gibt viel zu tun, und es wird in nächster Zeit
auch sehr viele Veränderungen auf der Erde geben. Einige Dinge
kannst du aktiv mitverändern, anderes wird jedoch auf einer
höheren Ebene entschieden und erwirkt werden.
Hab Vertrauen – du weißt, dass wir nicht allein sind, sondern
viele, und verbunden mit der Quelle der Schöpfung. Wenn die
Wogen der Frustration über dich hereinbrechen, versuche, alles in

einem größeren Kontext, aus größerem Abstand zu betrachten – so wirkt die eigene Existenz weniger dramatisch.

Dennoch ist es wichtig, sich mit den Ereignissen im Leben bewusst auseinanderzusetzen und die Handlungen deiner neuen Bewusstheit entsprechend zu koordinieren.

Überlege dir beispielsweise, was zwischen deinem Chef und dir konkret nicht mehr harmonisch ist. Ist dein Chef tatsächlich ungerecht, oder ist nur dein Ego verletzt, weil er deine Arbeit nicht genug würdigt? Im ersten Fall rate ich dir, ein klärendes Gespräch mit ihm zu suchen. Im zweiten Fall analysiere möglichst objektiv, warum dein Ego mehr Aufmerksamkeit verlangt. Bedenke auch, dass dein Chef vielleicht selbst frustriert oder demotiviert sein kann. Gibt es eventuell Probleme in der gesamten Firma, die auf seinen Schultern lasten?

Um verschiedene Seiten einer Thematik zu betrachten, die dich selbst betrifft, ist es notwendig, die unbewusste Routine deines Ego zu minimieren. Dies erreichst du, wenn du bewusst mehrere Schritte zurücktrittst und versuchst, das Gesamtbild zu erfassen. Ein bewusster Manager sollte eigenen Druck nicht an seine Mitarbeiter weitergeben, denn es ist seine Aufgabe, Herausforderungen zu managen und alle Mitarbeiter gleich zu behandeln. Finde heraus, ob du gemobbt wirst oder ob es größere Zusammenhänge gibt, die am Ende gar nichts mir dir persönlich zu tun haben.

Es mag allerdings auch sein, dass eure Energien einfach nicht miteinander harmonieren. Will sagen: Wenn du in diesem Arbeitsverhältnis mehr frustriert als motiviert bist, hast du die Wahlmöglichkeit, die dir die Schöpfung jeden Tag aufs Neue in vielen Lebensbereichen schenkt. Eine Option wäre beispielsweise, dir andere Aufgaben innerhalb der Firma oder einen ganz anderen Job zu suchen. Dabei sollten deine bevorzugten Argumente –

Geld und Sicherheit – keine Rolle spielen, denn dein persönliches
Wohlergehen wird nicht von diesen beiden Prämissen bestimmt.
Das Leben, auch das Arbeitsleben, sollte Freude bereiten, fruchtbar
sein und angemessen entlohnt werden. Der Lohn ist ein Energie-
austausch zwischen Arbeitsleistung und Geld – nicht mehr und
nicht weniger. Er sollte natürlich auch dazu dienen, den Lebens-
standard angemessen gestalten zu können. Allerdings kann der
finanzielle Lebensstandard in Industrieländern jederzeit reduziert
werden. Gesundheit und Wohlbehagen – auch am Arbeitsplatz –
sind jedoch nicht verhandelbar, sondern unabdingbar wertvoll.

Von: verstand@email-ans-ich.de
An: seele@email-ans-ich.de
AW: AW: To do

Aus einer höheren Perspektive betrachtet, scheint der Chef echt
frustriert und überlastet zu sein! Ich probier's mal mit einem of-
fenen Gespräch – schließlich haben wir uns ja früher auch recht
gut verstanden. Und wenn das nichts bringt, kann ich mir ja
immer noch etwas anderes überlegen. Diese Vorgehensweise
scheint mir stimmig zu sein.

Von: *seele@email-ans-ich.de*
An: *verstand@email-ans-ich.de*
AW: AW: AW: *To do*

Ich unterstütze dich gerne und mit Freude – dies ist meine Aufgabe
in unserer gemeinsamen Existenz, so wie du unsere gemeinsame
Existenz auf Erden durch dein logisches Denken und deine
Wahrnehmung der äußeren Welt unterstützt. Unser Körper verlässt
sich auf uns und schenkt unserem feinstofflichen Sein seine Hülle,
damit wir gemeinsam würdevoll existieren können. Dankbarkeit
und Demut sind wichtige Schlüssel für eine glückliche Existenz

und eine liebevolle gegenseitige Unterstützung. Das gilt auch für
die Beziehungen zwischen den Menschen.
Gibt es noch etwas, was dich momentan belastet und wir gemein-
sam bewusst bearbeiten können?

Von: verstand@email-ans-ich.de
An: seele@email-ans-ich.de
Betreff: Regierungsmacht

Ja! Die derzeitige Politik ist ebenfalls nervend und wenig zielführend. Wahrscheinlich gibt es für sie gar keine anderen Ziele als
die Geldvermehrung. Politik scheint mir aktuell von offensicht-
licher Verstandeslosigkeit (dieses Wort habe ich durchaus mit
Bedacht gewählt ☺) geprägt zu sein, und ganz bedenklich finde
ich auch die zunehmende Umweltzerstörung, für die die
Menschheit verantwortlich ist. Genau betrachtet muss alles auf
der Welt neu geordnet werden, nicht nur mein bisheriges Denk-
programm. Mich deprimieren die täglichen Nachrichten, die
mir immer wieder vor Augen führen, wie fragil die Umwelt ist,
wie achtlos Wirtschafts- und Regierungsmächte mit der Natur
und den Bevölkerungen umgehen, wie Demokratien eigentlich
gar nicht mehr funktionieren, weil die Politik gänzlich von Wirt-
schaftsclans, der Industrielobby und Geldmacht durchdrungen
ist und alles dahingehend manipuliert wird. Ich weiß genau, dass
in der nationalen und internationalen Politik vieles schiefläuft,
aber was kann ich kleiner Verstand gegen die Regierungsmächte
tun? Richtige Demokratien haben wir ja gar nicht mehr, es sind
eher Wirtschaftsdiktaturen …

Von: *seele@email-ans-ich.de*
An: *verstand@email-ans-ich.de*
AW: *Regierungsmacht*

Der Seelengemeinschaft ist bekannt, dass die Erde momentan eine politisch und wirtschaftlich schwierige Phase durchmacht. Deine zunehmende Bewusstheit versetzt dich in die Lage, deren Auswirkungen zu erkennen, und infolge dieser Erkenntnis fühlst du dich machtlos ... und andere Verstände mit dir.

Versuche bitte, auch diese momentane Phase aus der Sicht des Universums zu betrachten, und du wirst erkennen, dass alles seine Zeit hat. Die Erde durchläuft eine Phase der Veränderungen mit verschiedenen Prozessen des Entstehens und des Vergehens, die jedoch alle natürlichen Ursprungs sind.

Die heutigen Politiker der Erdengemeinschaft haben vergessen, Volksvertreter zu sein. Vielmehr sehen sie sich aufgrund ihrer politischen Macht als Volksbestimmer. Berufspolitiker handeln meist nur aus strategischem und persönlichem Kalkül, welches ihren Ego-Programmen entspringt, weil sie bei den nächsten Wahlen wieder gewählt werden möchten. Sie beabsichtigen, an der Macht zu bleiben, und wollen ihren Job nicht verlieren. Wenn auch Politiker damit beginnen würden, mehr Bewusstheit zu entwickeln, würden sie erkennen, dass ihr Amt zeitlich nur begrenzt ist. Und dass es eine Ehre ist, es im Namen des Volkes erfüllen zu dürfen. Politiker haben kein Recht, ihr Amt oder das Volk zu manipulieren, um ihre Amtszeit zu verlängern. Leider sind die politischen Systeme auf der Erde eng miteinander verwoben, und ein Eingreifen des Volkes scheint kaum möglich.

Jedoch hat die Geschichte der Erde immer wieder gezeigt, dass aufkommende Dekadenz einer herrschenden Regierung das baldige Ende aller Herrschaft bedeutet. Anders ausgedrückt:

Erst wenn alles kurz vor dem Zusammenbruch steht, wenn der Abgrund, in den man zu stürzen droht, als tiefe Schlucht direkt vor den Augen des Betrachters liegt, erst dann beginnen Zivilisationen, sich zu ändern oder – wenn sie sich absolut nicht ändern wollen – sich selbst zu zerstören.

Die Erde und ihre Bevölkerung durchläuft zurzeit eine solche terminale Phase, die von der Schöpfung als eine Art Prüfung oder finales Examen vorgesehen ist. Hier sind wirklich große Kräfte am Werk, die weit über die Menschen hinausgehen ... und deswegen kommst du dir so machtlos vor.

Von: verstand@email-ans-ich.de
An: seele@email-ans-ich.de
Betreff: Machtlosigkeit

Wenn es die Schöpfung, der vierte Part unserer gemeinsamen Existenz, ist, die uns alle und den Globus entweder eine Endphase oder Erneuerungsphase durchlaufen lässt, kann ich das akzeptieren. Scheinbar durchläuft alles Lebendige Phasen des Werdens, des Seins und des Vergehens, wenn ich das richtig verstehe. Außerdem beinhalten die beiden Alternativen »Ende« oder »Neubeginn« meiner Meinung nach eine Wahlmöglichkeit, also die Möglichkeit, die Entwicklung in Richtung Ende oder Neubeginn zu beeinflussen.

Ehrlich gesagt möchte ich schon gerne weiter auf Erden weilen und etwas dazu beitragen, diesen herrlichen Planeten und unsere Zivilisation zu bewahren ... Irgendwie geht es doch immer weiter, oder? ☺

Allerdings: Politisches Engagement und alle paar Jahre zur Wahl zu gehen verändern nicht wirklich viel. Habe ich zusätzliche Möglichkeiten, aktiv zu werden und meine Verstandeskollegen mitzumotivieren?

Von: *seele@email-ans-ich.de*
An: *verstand@email-ans-ich.de*
AW: *Machtlosigkeit*

Deine Analyse hinsichtlich der Wahlmöglichkeit ist richtig. Für jeden persönlich gibt es Wahlmöglichkeiten, und jedem steht die Entscheidung frei, in welche Richtung der weitere Weg gehen soll, und dieses Prinzip sollte auch bewusst genutzt werden.

Bewusste und spirituelle persönliche Entwicklung ist der universelle Lösungsansatz für alle Themenbereiche.

Dieser essenzielle Rat gilt selbstverständlich auch für die Ausrichtung der Politik und für alle Politiker auf Erden. In vielen Welten des Universums ist die Bewusstheitsentwicklung vollendet umgesetzt worden und gilt als grundlegendes und alles durchdringendes Konzept für die Lebensgemeinschaften.

Die irdische Zivilisation der Moderne ist individualistisch aufgebaut, was nichts anderes bedeutet, als dass das Individuum wichtiger als die Gemeinschaft ist. Uns Seelen sind jedoch viele unterschiedliche Gesellschaftsformen im Universum bekannt, in denen es ganz selbstverständlich ist, stets und ohne Ausnahme zum Wohle aller zu handeln. Niemand würde in diesen für dich fremden Zivilisationen auf die Idee kommen, egoistisch zu sein und machtvoll über andere oder über die Natur zu herrschen. Kannst du dir eine solch ideale Gemeinschaft des Wohlwollens und des Friedens vorstellen? Diese Lebensgemeinschaften haben Jahrtausende bewusst an ihrer spirituellen Entwicklung gearbeitet, haben stetig ihre Feinstofflichkeit entwickelt, haben sich mit Philosophie und dem tiefen Sinn des Seins befasst, um schließlich zu erkennen, dass jede Seele einfach glücklich sein und in harmonischer Liebe zum Leben verweilen möchte. Solche Formen der Existenz sind möglich und erstrebenswert.

Von: verstand@email-ans-ich.de
An: seele@email-ans-ich.de
AW: AW: Machtlosigkeit

Aber wie finde ich, als Verstand, und wie finden die Menschen überhaupt zu solchen neuen Gesellschaftsformen? Wäre es nicht die Aufgabe der politischen Volksvertreter, uns solche Visionen zu vermitteln?

Von: *seele@email-ans-ich.de*
An: *verstand@email-ans-ich.de*
Betreff: *Tore*

Ein solcher Entwicklungsweg kann nicht von Politikern oder Regierungen bestimmt werden – die Initiative kann nur von jedem Individuum selbst ausgehen und benötigt Zeit und Geduld, um zu wachsen. Genau aus diesem Grund sind die Veränderungen deiner Denkprogramme so wichtig, und die Modifikationen sind die nun anstehenden To-do-Punkte für dich und für jeden Verstand auf Erden.

Die Schöpfung kreiert den Rahmen und steckt die allgemeinen Lebensbedingungen ab, aber was die einzelnen Wesen daraus machen und wie sie diese Rahmenbedingungen nutzen und ausfüllen, bleibt ihnen selbst überlassen. Dies gilt nicht nur für das Individuum in der Gemeinschaft, sondern genauso für das Allgemeinwesen.

Die Menschheit hat momentan die Wahl zwischen zwei Toren: Das eine Tor führt zum Ende von allem und das andere zu einem Neubeginn und einem harmonischen Wandel der Gemeinschaft. Sobald du, werter Verstand, und jeder andere Verstand in Bewusstheit und Präsenz die beiden Alternativen erkennen, kann eine bewusste Wahl zum Neubeginn und zur Neuausrichtung getroffen und damit die Gemeinschaft positiv beeinflusst werden. Jedes

Wesen bestimmt individuell, welches Tor durchschritten wird, und
mit seiner Wahl beeinflusst das Individuum die Gemeinschaft.
Wenn du dir jedoch nicht der Wirkung auf dein Umfeld bewusst
bist, kannst du auch keine Signale für andere setzen. Deine
bewusste Wahl ist die Macht und der Weg, den du suchst. Bewusst-
heit ist das Gegenteil von Machtlosigkeit.

Von: verstand@email-ans-ich.de
An: seele@email-ans-ich.de
AW: Tore

In Ordnung, sagen wir, dass ich vollkommene Bewusstheit er-
lange. Sagen wir, dass ich die Ratio, die in die Vergangenheit und
die Zukunft verliebt ist, in den Griff bekomme. Sagen wir, dass
ich das Ego-Programm minimiere und beginne, mehr auf das
Wohl der Gemeinschaft zu achten … Was ist dann mit all den
anderen, die dies nicht tun? Die persönliche Lebensrichtung
mag man allein oder mit einigen anderen ändern können – aber
wie soll sich auf diese Art eine ganze Zivilisation verändern? Was,
wenn alle anderen durch das Tor namens Ende laufen? 😐

Von: *seele@email-ans-ich.de*
An: *verstand@email-ans-ich.de*
AW: AW: *Tore*
Lieber Verstand, mach dir gänzlich bewusst, dass du nicht machtlos
bist. Mit zunehmender Bewusstheit beeinflusst du viele andere
Verstände, und damit veränderst du auf magische Weise die
Menschen, mit denen du in Berührung kommst. Über ein
Schwingungsfeld bist du mit vielen, eigentlich mit allen unmittel-
bar und mittelbar verbunden. Ändert sich deine Schwingung,
ändert sich auch das umliegende Schwingungsfeld, und so hast du
Einfluss auf andere. Änderst du dein Denken, so werden auch

andere Verstände differenzierter denken, wodurch auch das
Handeln bewusster wird. Diese Schwingungen breiten sich immer
weiter aus, weil jeder Verstand wiederum viele andere Verstände
beeinflusst. Das Schwingungsfeld ist eine Form von unsichtbarer
Kommunikation, die feinstofflicher Natur ist.
Du kannst aber auch verbal kommunizieren, und dabei brauchst
du noch nicht einmal zu missionieren oder politische Reden
vorzutragen. Sag einfach: »Ich werde das künftig anders gestalten,
nämlich so und so …« oder »Mir ist wichtig, dass sich bei unseren
Maßnahmen möglichst alle wohl fühlen«. Werde sanfter, und
vertrete dennoch deine Positionen. Du hast damit bereits begon-
nen. Erinnere dich nur, was du mir letztens von dem Meeting
berichtet hast. Du kannst deine Meinung sachlich äußern, sie
verteidigen und dennoch offen sein für andere Ansichten.
Mach dir auch bewusst: Wenn dir ein anderer Verstand nicht
folgen will, ist es seine individuelle Entscheidungsfreiheit. Nicht
jeder Verstand wird, muss oder kann dein Tor des Neubeginns
durchschreiten – auch das gilt es zu respektieren. Respekt und
Toleranz sind wichtige Schlüssel zur Veränderung einer Gesell-
schaftsform und für eine offene Kommunikation, die diese Verän-
derungen trägt.

Von: verstand@email-ans-ich.de
An: seele@email-ans-ich.de
AW: AW: AW: Tore

☺ Ich verstehe, wie mein Denken und Handeln andere Menschen unmittelbar beeinflussen kann, und ich werde mir langsam bewusster, von der Rolle des Kritikers in die Rolle des Vor-
bilds zu wechseln und diese Haltung einfach auf andere wirken
zu lassen. Wenn das viele, viele, viele mehr und immer öfter tun,
werden auch immer mehr Menschen davon beeinflusst werden.

Aber haben wir denn noch genügend Zeit für solche Veränderungen, die zweifelsohne doch nur allmählich vonstatten gehen?

Von: *seele@email-ans-ich.de*
An: *verstand@email-ans-ich.de*
Betreff: *Motivation*

Versuche, dich von den Zwängen der Zeit zu befreien. Alles hat seine Zeit, es hat einen Zeitrahmen im Universum, und nichts geht im Kosmos nach irdischen Zeitvorstellungen vonstatten. Das Universum kennt weder Hektik noch einen vollen Terminkalender. Was heute noch unmöglich erscheint, kann morgen Wirklichkeit sein, wenn die entsprechende Schwingung ausgesendet wird. Dein Denken und Handeln kreieren deine Weltenrealität, die Schöpfung stellt nur den Rahmen und spezifische Zeitqualitäten dafür bereit, die quasi als Katalysatoren genutzt werden können. Es liegt in der Hand der Menschen, wie es weitergeht, und jeder Verstand hat die Möglichkeit zu entscheiden, ob persönliche Wandlungen langsamer oder schneller vollzogen werden.

Die neuen Kommunikationsformen im Rahmen der diversen sozialen Netzwerke des Internets sind beispielsweise eine Möglichkeit, veränderte Ansichten und Überzeugungen sehr schnell zu verbreiten und ein viel größeres Schwingungsfeld zu erzeugen, als dies bisher auf Erden überhaupt möglich war. Hier vereinen sich eine günstige, universelle Zeitqualität und technische Neuerungen mit großer Dynamik. Es ist wichtig, alle gegebenen Möglichkeiten und den passenden Zeitpunkt zu nutzen, um Modifikationen im eigenen Denken und im Denken anderer herbeizuführen – allerdings ohne dogmatischen Einfluss oder Druck, sondern durch das Vorleben des »Anders-Seins«. Und dabei ist noch etwas sehr wichtig: Sei dir aller deiner eigenen Handlungen stets bewusst, und hinterfrage deine eigene Motivation.

Von: verstand@email-ans-ich.de
An: seele@email-ans-ich.de
AW: Motivation

Die zeitlichen Aspekte sind interessant, und auch ich nutze die technischen Möglichkeiten des Internets gerne, um zu kommunizieren. Vielleicht sollte man in den virtuellen Communities ab und zu statt »sitze im Café und genieße die Sonne« auch mal schreiben, wie furchtbar man Atomenergie oder anderes findet ...

Ich gebe zu, als Verstand dazu zu neigen, recht ungeduldig zu sein 😕 und möglichst immer alles direkt umsetzen zu wollen, um sichtbare Ergebnisse zu konstatieren und dann gleich den nächsten Schritt wieder vorauszukalkulieren. Das Internet verstärkt diese schnelle Taktung noch mehr. Aber don't worry, ich weiß schon: »Im Jetzt verweilen!«

Was meinst du genau mit »hinterfrage deine Motivation«?

Von: seele@email-ans-ich.de
An: verstand@email-ans-ich.de
***Betreff:** Motivation + Passwort 3*

Die äußere Motivation im Sinne vom Strebsamkeit, Fleiß und Erfolgsorientierung ist das eine. Aber es gibt auch eine innere Motivation. Damit sind deine Motive gemeint, lieber Verstand, die den Handlungen zugrunde liegen. Es wird deine zukünftige Aufgabe sein, die Motivation deiner Denkstrukturen und der Handlungen permanent zu hinterfragen. Die Analyse deiner inneren Motivation stellt einen weiteren, wichtigen Schritt deiner Bewusstseinsentwicklung dar.

Ein kosmischer Rat lautet: Beobachte dich unablässig selbst, und frage dich unaufhörlich, ob deine Gedanken, deine Meinungen egoistisch sind. Analysiere, ob deine Position auf deinem Ego gründet, also nur auf das eigene Wohl ausgerichtet ist, oder ob das Herz die Gedanken und Handlungen durchdringt. Versuche, dein Handeln ständig zu analysieren und die eigene Motivation ohne Unterlass zu hinterfragen, denn so kannst du Manipulation von wirklicher Überzeugung unterscheiden.

Lieber Verstand, du wirst sicher einige Tage brauchen, um diese Aufgabe auszuprobieren und zu praktizieren. Melde dich wieder, wenn du neue Erfahrungen gesammelt hast. Zum Abschluss dieser Coaching-Einheit erhältst du noch dein drittes Passwort zum nächsten Bewusstheitslevel:

Minimiere die Macht des Ego, und verweile im Jetzt!

Vierter Dialog:
Wie kann ich ausgeglichener werden?

Über die Kraft der Gefühle,
von der Wut gegen die Welt
und über das Loslassen

Von: verstand@email-ans-ich.de
An: seele@email-ans-ich.de
Betreff: Passwort 3
Hallo Seele, bin wieder bereit zum Coaching!
Ich habe einige Tage mit dem dritten Passwort gearbeitet und
habe versucht, wenigstens ab und zu im Jetzt zu verweilen. Aber
mein Ego zu minimieren klappt nur zögerlich.
Ich kann mich inzwischen recht gut selbst beobachten und erwi-
sche mich sogar permanent dabei, egoistisch zu sein. Irgendwie
hat das Ego-Programm eine unsichtbare Macht über mich. Allerdings … sobald ich dies feststelle und ganz aufmerksam mir
selbst gegenüber bin, kann ich meine egoistischen Intentionen
etwas minimieren und mein Handeln korrigieren.
Aber was nützt mir das, wenn ich dauernd mit dem Ego der
anderen konfrontiert und provoziert werde? Ich finde keinen
Ausgleich, keine Balance zwischen meinen Gedanken und der
äußeren Welt. Wie soll denn die Welt friedlich werden, wenn
nicht alle bei der Ego-Minimierung mitmachen?

Von: seele@email-ans-ich.de
An: verstand@email-ans-ich.de
AW: Passwort 3
Ich spüre seit geraumer Zeit deinen inneren Zwiespalt zwischen der
Umsetzung des dritten Passworts und dem Aufbäumen von
Aggression. Vermagst du deine Aggression beziehungsweise Wut zu
konkretisieren?

Von: verstand@email-ans-ich.de
An: seele@email-ans-ich.de
Betreff: Sauer sein

Und ob: Genau genommen bin ich gerade echt sauer! 😠 Heute läuft wirklich alles schief!!! Eigentlich bin ich in einem recht erholten Körper gut gelaunt aufgewacht und hab mich auf den Tag gefreut. Aber auf dem Weg zur Arbeit fing es schon an: Einige Busse fielen aus, und dann war natürlich der verspätete Bus völlig überfüllt. Mit der Hälfte der Menschen wäre die Transportkapazität schon überschritten gewesen. Dann ist uns jemand auf den Fuß getreten – ohne sich zu entschuldigen, obwohl unser Körper großen Schmerz signalisiert hat! Ich hasse solche Unverschämtheiten! Außerdem meckerten alle Fahrgäste wegen der Verspätungen, und so habe ich mich von der allgemein schlechten Stimmung mitreißen lassen. Im Büro angekommen, maulte mich eine Kollegin an, warum ich zu spät komme und nicht im Meeting war (… weil ich Depp mein Handy zu Hause vergessen hatte und nicht Bescheid sagen konnte! 😠) Zur Krönung fand ich in meinem Ablagekorb mein Konzept, an dem ich wochenlang gearbeitet hatte, versehen mit einem Post-it vom Boss und dem handschriftlichen Kommentar »Das genügt nicht!«. Logisch empfinde ich jetzt Wut und Aggression! 😠 Zusammenfassend denke ich: Andere handeln auch egoistisch – wie soll ich da nicht wütend werden und mein Ego minimieren? Sag mir das bitte! Wie?

Von: *seele@email-ans-ich.de*
An: *verstand@email-ans-ich.de*
Betreff: *Atmen*
Darf ich dir zu Beginn empfehlen, einige Momente bewusste
Körperwahrnehmung zu praktizieren? Danke für dein Einver-
ständnis. Lass unseren Körper nun einige Male tief durchatmen!
Einatmen, ausatmen, ein, aus … Über die bewusste Wahrneh-
mung der Körperatmung kommst du wieder zurück in die
Jetzt-Bewusstheit, wirst ruhiger und entspannst dich. Spürst du es?

Von: verstand@email-ans-ich.de
An: seele@email-ans-ich.de
AW: Atmen
Ja … 😎

Von: *seele@email-ans-ich.de*
An: *verstand@email-ans-ich.de*
Betreff: *Stimmungsschwankungen*
Mir als Seele ist bewusst, dass die Umsetzung des dritten Passworts
»Minimiere die Macht des Ego, und verweile im Jetzt!« *eine*
Herausforderung für dich, den Verstand, ist und zudem eine
Aufgabe, der man in der Interaktion des irdischen Zusammenle-
bens nicht immer leicht nachkommen kann. Bewusstseinswandel
ist ein langwieriger und oft schwieriger Prozess. Gelassenheit,
stetige Präsenz und auch Disziplin sind gefragt.
Mach dir Folgendes bewusst: Wut oder Ärger gehören zu deinem
Programm, lieber Verstand, denn diese Empfindungen unterschei-
den den Menschen von den Tieren. Tiere kämpfen beispielsweise
darum, ein Revier zu verteidigen oder eine Herde anführen zu
können. Sie fechten also Kämpfe aus, um ihr eigenes Überleben
und die Fortpflanzung ihrer Art zu sichern. Aggressive Reaktionen

von Tieren gründen auf diesen Notwendigkeiten und entstehen meist durch Provokationen von anderen Tieren, die ihnen ihre Beute oder ihre Stellung in der Herde streitig machen wollen. Bei den Menschen ist das ähnlich, aber oft gehen die Verstände weit über diese instinktive Reaktion hinaus und verbinden ihre »Revierkämpfe« mit ereiferndem Egoismus, ausgeprägtem Narzissmus und erhöhtem Geltungsbedürfnis. Wer sich an der Bushaltestelle am lautesten über die Verspätung Luft macht, ist der Anführer dieser zeitweiligen Herde von Wartenden. Des Weiteren besteht in solchen Alltagssituationen eine Art Ansteckungsgefahr. Wenn einer beispielsweise sagt: »Oh, schon wieder Busverspätung!«, folgt der Kommentar einer anderen Person, die sagt: »Die kriegen das einfach nicht in den Griff!«, und eine dritte fügt hinzu: »Und das, obwohl die Fahrscheine immer teurer werden!« So schaukelt sich die Gruppendynamik auf, und bei so einer dich gänzlich umfangenden aggressiven Stimmung ist es wirklich eine mentale Höchstleistung, gelassen zu bleiben und sich nicht anstecken zu lassen.

Gelassenheit und Abgrenzung sind jedoch möglich ... wenn du ganz und gar präsent bleibst, wenn du bewusst im Jetzt verweilst (beispielsweise durch bewusste Körperatmung). Beobachte und filtere die in dir aufkeimenden Gedanken, bevor du etwas sagst oder dich vielleicht auch dafür entscheidest, die Situation nicht zu kommentieren, sondern deiner guten Schwingung beim Aufwachen nachzuspüren. Tritt aus dir heraus, stell dich sozusagen als neutraler Beobachter neben die Gruppe.

Vielleicht würde es dir helfen, wenn du das künftig in solchen Situationen versuchst – eine distanzierte Perspektive ist immer hilfreich.

Von: verstand@email-ans-ich.de
An: seele@email-ans-ich.de
AW: Stimmungsschwankungen
Ist schwierig! Wenn ich die anderen reden höre, will ich mitreden! Das ist das Naturell des Verstandes, werte Seele! ☺

Von: seele@email-ans-ich.de
An: verstand@email-ans-ich.de
AW: AW: Stimmungsschwankungen
Ja, das ist dein Naturell, aber auch du bist wandelbar. Frage dich immer, was sich wirklich für dich persönlich ändert, wenn du in den negativen Gemütszustand der anderen einstimmst. Fühlst du dich dann wichtiger oder gleichwertiger mit deinen Mitmenschen? Dann frage dich, wer oder was in dir fühlt sich wichtiger? Bist du es, der Verstand, oder ist es dein Ego-Programm, das sich wichtiger fühlt?
Analysiere, welche Energieform dich weiterbringt: Die gute Laune des Morgens (die du bereits in dir trugst) oder die negative Energie der Übellaunigkeit. Wenn du präsent und achtsam im Moment verweilst, wirst du schnell feststellen, dass es sinnvoller ist, beispielsweise die Wartezeit für ein paar kreative Gedanken zu nutzen. Konzentriere deine persönliche Energie lieber auf dich, als sie für etwas zu verschwenden, was ohnehin unabänderlich ist, wie eine Busverspätung.

Von: verstand@email-ans-ich.de
An: seele@email-ans-ich.de
AW: AW: AW: Stimmungsschwankungen
Könnte ich echt mal probieren, denn diese Art von Stimmungsschwankungen nerven mich an mir selbst, da sie ja augenscheinlich gar nichts mit mir zu tun haben.

Von: *seele@email-ans-ich.de*
An: *verstand@email-ans-ich.de*
Betreff: *Ausgleich*
Lieber Verstand, du kannst in einer solchen Situation der emotio-
nalen Ansteckungsgefahr sogar noch einen Schritt weitergehen und
folgende Bewusstheitsübung höchster Güte praktizieren: Grenze
dich bewusst von den Stimmungen der anderen ab und nutze
deine wundervolle Vorstellungskraft, um liebevolles, warmes Licht
an die anderen zu senden. Bitte bei dieser Visualisierung die
Urquelle der Schöpfung, diesen Mitmenschen ebenfalls Gelassenheit
und Zufriedenheit zu schenken.

Von: verstand@email-ans-ich.de
An: seele@email-ans-ich.de
AW: Ausgleich
Und das wirkt? Das mit dem Licht meine ich … 😌

Von: *seele@email-ans-ich.de*
An: *verstand@email-ans-ich.de*
AW: AW: *Ausgleich*
Probier es … du wirst die Wirkung in dir spüren. Du schaffst mit
dieser Übung einen energetischen Ausgleich und wirst dich gut
fühlen.

Von: verstand@email-ans-ich.de
An: seele@email-ans-ich.de
AW: AW: AW: Ausgleich
Ich werde es bei der nächsten Gelegenheit probieren … Im Alltag gibt es genügend Gelegenheiten – Meetings, Warteschlangen
vor dem Postschalter, beim Autofahren. Resümierend kann man
also sagen: Stimmungen sind ansteckend. Heißt das wirklich,

dass ich gar nicht sauer bin, sondern dass die anderen sauer sind (vermutlich weil sie sich nicht bewusst wahrnehmen ☺)? Ist es das Ego-Unterprogramm, das Gefühle wie Wut und Aggression auf andere überträgt?

Von: *seele@email-ans-ich.de*
An: *verstand@email-ans-ich.de*
Betreff: *Schmerzkörper*
Richtig. Über die Anwesenheit des Ego haben wir ja schon einige Male gesprochen. Das Ego-Programm ist ein Teil des genetischen Codes und Bestandteil eines jeden Verstandes.
Während der jüngsten Menschheitsgeschichte ist das Ego-Unterprogramm in dir, lieber Verstand, stetig größer und mächtiger geworden, und so wurden moralische Werte gemindert oder gar unterdrückt. Inzwischen hat das Ego sich selbst eine eigene, fast unkontrollierbare Existenz kreiert und besitzt einen eigenen, nicht sichtbaren Körper, der im kosmischen Sprachgebrauch »Schmerzkörper« genannt wird. Der Schmerzkörper ist ein unsichtbarer Körper, der jedoch immer präsent ist, der lauert und der sehr hungrig ist. Die Nahrung des Schmerzkörpers sind jegliche negative Emotionen wie Enttäuschung, Wut, Neid, Aggression, Leid und alle Arten von emotionalen Schmerzen.
In Situationen wie beispielsweise an der Bushaltestelle greift der Schmerzkörper des Ego-Programms blitzschnell ein und übernimmt die Herrschaft über alle Logik. Der Schmerzkörper sucht nach Beachtung und möchte leiden, möchte sich aufregen und möchte aggressiv sein. So passiert es, dass du von der Stimmung der anderen angesteckt wirst oder dich schnell über Kleinigkeiten aufregst, wenn du nicht in dir selbst ruhst und wenn du nicht beobachtend präsent bist. Sobald du dich jedoch aufmerksam

beobachtest, merkst du, wie der emotionale Schmerzkörper
hervorkommen und die Macht über die Situation an sich reißen
will. Dann ist es dir möglich, einzugreifen.

Von: verstand@email-ans-ich.de
An: seele@email-ans-ich.de
AW: Schmerzkörper
Ist es möglich, den Schmerzkörper zu heilen und damit das Ego-
Programm zu minimieren?

Von: *seele@email-ans-ich.de*
An: *verstand@email-ans-ich.de*
AW: AW: *Schmerzkörper*
Das Ego-Programm hat sich, wie bereits erläutert, über die Jahre
deiner Existenz weitestgehend verselbständigt, weil du dir bisher
wenig bewusste Gedanken über dein Wirken im Leben gemacht
hast. Du, lieber Verstand, besitzt jedoch viele faszinierende
Fähigkeiten – so auch die der Selbstheilung und der Selbstkontrol-
le. Du vermagst eine Umprogrammierung zu initiieren, denn du
bist nun gewillt, dem Leben eine neue Ausrichtung zu geben. Du
suchst nach Ausgleich, Gelassenheit, Bewusstheit, und mit diesen
Attributen vermagst du dich und sogar die Welt aktiv zu verän-
dern. Entwickle ein Programm-Update der Bewusstheit, der Beson-
nenheit und der Herzensgüte, und verändere damit deine Denk-
strukturen.
Mach dir dennoch bewusst: *Das Ego ist extrem hungrig nach*
Schmerz und Leiden – im mentalen Sinne, aber manchmal
sogar auch auf körperlicher Ebene, und so wird der unsichtbare
Schmerzkörper jede winzige Gelegenheit nutzen, sich aufzubäu-
men, und nach neuer Nahrung verlangen. Diesen Automatismus
kannst du ausschließlich mit Bewusstheit und Präsenz im Jetzt

unterbinden, und dies erfordert stete Wachsamkeit und Selbst-
beobachtung. Es ist ein Leichtes, dem Verlangen nach Schmerz
nachzugeben, anstatt aufmerksam zu bleiben und nicht
automatisiert zu reagieren, sich nicht provozieren zu lassen, wie
es in der Tierwelt üblich ist. Die Achtsamkeit mit sich und die
Liebe zu sich selbst wachsen langsam, das Update benötigt Zeit,
um zu wirken. In dem Maß, wie deine Liebe zu dir selbst
wächst, wächst auch die Gelassenheit allen Mitmenschen und
allen Gegebenheiten des Lebensalltags gegenüber.

Von: verstand@email-ans-ich.de
An: seele@email-ans-ich.de
AW: AW: AW: Schmerzkörper
Es geht also darum, das Prinzip des Ego durch andere Prinzipien
zu ersetzen. Können ich und meine Verstandeskollegen auf diese
Weise weniger aggressiv und wütend sein und so die Welt ver-
ändern?

Von: *seele@email-ans-ich.de*
An: *verstand@email-ans-ich.de*
Betreff: *Wut-Programm*
Wut und Aggression sind bedauerliche archaische Anteile des
Ego-Programms und überhaupt nicht mehr zeitgemäß. Gewalt-
reiche Konflikte, kriegerische Auseinandersetzungen, Machtgier
und Herrschsucht hatten ihre Anteile an der Geschichte, aber diese
Prinzipien bringen die Menschheit im aktuellen Stadium der
Entwicklung nicht mehr weiter. Früher waren diese Anteile des
Ego-Programms hilfreich, um die Ausbreitung der Menschen auf
dem Planeten Erde zu sichern. Diese Phase ist längst abgeschlossen,
aber trotzdem wird dieser Teil des Programms selbständig weiter-
arbeiten, solange keine Bewusstheit vorhanden ist.

*Die Schöpfung eröffnet derzeit Chancen, neue Wege zu einer
höheren Entwicklung zu beschreiten, aber sofern die alten Prinzipien der Aggression und Aversion nicht abgelöst werden, kann sich
die Welt nicht wandeln. Ohne Bewusstheit stockt der Prozess des
Wandels auf allen Ebenen des Seins.*

*Einige positive Signale sind heutzutage allerdings schon sichtbar,
da immer mehr Menschen vom Zustand der Zivilisation
enttäuscht sind und sich tiefgreifende Veränderungen wünschen.
Diese Veränderungen werden freilich nicht eintreten, wenn nach
wie vor erwartet wird, dass sie von außen oder von oben
(beispielsweise von der Politik) vollzogen werden. Umgestaltungen sind nur fruchtbar und nachhaltig, wenn sie im inneren
Selbst jedes Einzelnen beginnen. Und so ist es wünschenswert,
dass all die verschwendete Energie in Form von Wut oder
Aggression mit Hilfe von Bewusstheit dafür aufgewendet wird,
Zuversicht und Liebe im Herzen entstehen zu lassen. Dieser
Wunsch wird von allen Seelen auf Erden getragen und von der
Schöpfung gefördert.*

Von: verstand@email-ans-ich.de
An: seele@email-ans-ich.de
AW: Wut-Programm

Ich stimme dir zu, werte Seele! Wut ist eine mächtige Energie,
die sich innerlich festbeißen und den Menschen zerfressen kann.
So spricht man ja nicht ohne Grund von der »Wut im Bauch«
auf jemanden oder etwas. Mir leuchtet vollkommen ein, dass
Ärger über einen verspäteten Bus oder über schlechtes Wetter
u. v. m. verschwendeter Energie gleichkommt. Jedoch kenne ich
auch Wut, die aus meiner Sicht, also aus Verstandessicht, berech-
tigt ist, z. B. wenn mich jemand ungerecht behandelt oder mich
verletzt. O. k., die Wut auf den Chef wird man durch ein Ge-

spräch mit ihm klären können – dazu hattest du ja ohnehin schon geraten. Aber wie ist das z. B. mit der Wut auf meine Ex-Frau?

Von: *seele@email-ans-ich.de*
An: *verstand@email-ans-ich.de*
AW: AW: *Wut-Programm*
Lieber Verstand, dazu vermag ich dir zu sagen, dass es sich mit tiefer Wut auf Menschen nicht anders verhält, als mit Wut auf Ereignisse. Bei zwischenmenschlichen Erlebnissen spielt der Schmerzkörper sogar eine übermäßige Hauptrolle, denn hier treten Gefühle wie Liebe und Hass gleichzeitig auf die Bühne, und das Theaterstück des Lebens nimmt meist eine dramatische Wendung.
Mach dir stets bewusst: *Dein Schmerzkörper liebt es, sich an persönlichem Schmerz und Elend zu laben ... auch Jahre nach der Ehe-Scheidung ist der Schmerzkörper hungrig nach Wut und Leid. Du verleihst dem Schmerzkörper nur Macht über dich und deine Intelligenz, wenn du nicht bewusst und reflektiert mit dem Erlebten umgehst!*
Darf ich dir raten, auch in dieser emotionalen Angelegenheit Pro und Kontra zu überdenken? Solche Abwägungen entsprechen ganz und gar deiner Software. Entscheide nach deinen Kriterien, ob es dir sinnvoller erscheint, für den Rest unseres gemeinsamen Lebens mit Wut im Bauch auf eine geschiedene Ehefrau zu existieren, oder ob du die alten Schmerzen nicht besser loslässt, um im Hier und Jetzt die frei werdenden Energien anderweitig sinnvoller einsetzen zu können. Du hast die freie Wahl – sei dir dieser Möglichkeit jederzeit bewusst.
Auch der nächste Hinweis mag hilfreich für deine Bewusstheitsent-wicklung sein: Analysiere, auf wen oder was du tatsächlich wütend

bist. Objektiv betrachtet wirst du feststellen, dass du nicht nur wütend auf deine Ex-Frau bist, sondern auch auf dich selbst, weil dir einiges in der Ehe misslungen ist. Frage dich, ob es wirklich angebracht ist, dass du dir selbst gegenüber jahrelang Wut hegst. Und dann lass einfach die Vergangenheit und deine persönliche Wut los. Du wirst dich viel freier fühlen.

Von: verstand@email-ans-ich.de
An: seele@email-ans-ich.de
Betreff: Gefühlswelten

Aber bedrücken dich solche Erfahrungen nicht auch? Sagt man nicht: »die Seele ist traurig«? Oder bin nur ich es, der Verstand, der Ärger und Wut empfindet? Mir ist der Unterschied nicht ganz klar … Kannst du mir unsere unterschiedlichen Gefühlslagen erklären: Ich, der Verstand, Wut – du, die Seele, Glück? Ist das echt so?

Von: *seele@email-ans-ich.de*
An: *verstand@email-ans-ich.de*
AW: *Gefühlswelten*

Mit Freude fühle ich deine Fortschritte bei der bewussten Wahrnehmung deines Selbst, lieber Verstand, denn deine aktuelle Frage nach den emotionalen Unterschieden zwischen Seele und Verstand ist ein wichtiger Coaching-Punkt.
Am besten kannst du dir, lieber Verstand, die Unterschiede zwischen dir und mir, der Seele, so verdeutlichen: Wenn sich Seelen in Körpern inkarnieren, tragen sie zwar Erfahrungen aus den vergangenen Leben in sich, aber sie sind emotional neutral und unbefleckt. Seelen freuen sich einfach, ein neues, körperliches Leben beginnen zu dürfen. Weil dies so ist, sind beispielsweise Kinder stets glücklich und unbelastet, wenn sie geboren werden. Kinder

bewerten nicht, bis man es ihnen beibringt, und Seelen bewerten
auch nicht.

Du, der Verstand, erscheinst erst etwas später auf der Bildfläche,
wenn das Großhirn sich langsam entwickelt und von der
Umgebung geprägt wird. Die Programmierung, die du durch die
aktive Wahrnehmung des Lebensumfeldes, durch die Erziehung
der Eltern und durch die sozialen Systeme erhältst, ermuntert
dich zur Bewertung aller Eindrücke und Emotionen. Diese neuen
Impressionen und Assoziationen überlagern während des
Heranwachsens das tiefe und ursprüngliche Seelenempfinden des
Glücklichseins und mindern die authentische Verwurzelung im
Urvertrauen, das uns von der Urquelle mit auf die Lebensreise
gegeben wurde.

Die Bewertungen prägen das zentrale Ich-Bewusstsein, das sich
während des Erwachsenwerdens immer stärker entwickelt. Die
Glücksgefühle und die Unbeschwertheit bleiben zwar in der Seele
verankert, werden jedoch im Ego-Programm auf der Verstandes-
ebene mit zunehmendem Alter durch Gefühle wie Sorgen, Angst,
Ärger und Wut überlagert.

Du, der Verstand, beginnst, alles in den gegensätzlichen Kategorien
»gut« und »schlecht« zu bewerten. Ich, die Seele, besitze gar nicht
die Absicht, zu bewerten, sondern nehme alle Gefühle als Erfah-
rung wahr. Meine Grundintention ist es, zu leben und zu lieben.
Deine Grundintention ist es, zu bewerten und in der Folge dessen
sogar vieles überzubewerten. *So geschieht es, dass du meist »negati-*
ve« Emotionen empfindest und diese aufgrund deiner Ausrichtung
auf die Vergangenheit und die Zukunft automatisch verstärkst.
Mach dir bewusst: *Die Seelen sind nie traurig, sondern es ist der*
Schmerzkörper, der hungrig nach Tristesse ist. Vergiss jedoch nie:
Wir sind eins, und gemeinsam ist es uns möglich, einen emotiona-
len Ausgleich zu finden.

Von: verstand@email-ans-ich.de
An: seele@email-ans-ich.de
AW: AW: Gefühlswelten
Oh je, als ich über die To-do-Liste nachdachte, habe ich mir das alles etwas einfacher vorgestellt, aber ich merke nun, dass ich wirklich an mir arbeiten muss. Ich will all diese alten Programme und selbstbezogenen Muster in den Griff kriegen, um mich weiter zu entwickeln. Sag mal ehrlich: Gibt es Hoffnung für mich? ☹

Von: seele@email-ans-ich.de
An: verstand@email-ans-ich.de
AW: AW: AW: Gefühlswelten
Natürlich gibt es Hoffnung! Nichts ist je hoffnungslos! Im Universum geht nichts und niemand verloren. Jede Erkenntnis ist eine weiterführende Erkenntnis, so auch deine Erkenntnisse. Sei frohgemut – es gibt überhaupt keinen Grund für Bedenken und Sorgen.

Von: verstand@email-ans-ich.de
An: seele@email-ans-ich.de
AW: AW: AW: AW: Gefühlswelten
Kannst du mir ein paar praktische Tipps gehen, wie ich mich aktiv von innerem Ärger und Wut befreien kann?

Von: seele@email-ans-ich.de
An: verstand@email-ans-ich.de
Betreff: *Befreiung*
Sobald du dir im Klaren darüber bist, dass Ärger und Wut meist sinnlos sind, bist du bereits befreit.

Von: verstand@email-ans-ich.de
An: seele@email-ans-ich.de
AW: Befreiung
Toll! ☺ Jetzt bist du aber mal wieder sehr spirituell, liebe Seele!
Gib mir bitte etwas Konkretes und bedenke: Ich bin ein Macher!
Ich brauche anschauliche Aktionspläne für den Notfall! ☺

Von: *seele@email-ans-ich.de*
An: *verstand@email-ans-ich.de*
AW: AW: *Befreiung*
Gerne übermittle ich dir einige hilfreiche Updates, wie du bei
aufkeimender Wut reagieren kannst. Eine pragmatische Möglich-
keit ist es immer, den Körper bewusst einzubeziehen und bewusste
Körperatmung zu praktizieren. Bewusste Atmung entspannt und
hilft, im Jetzt präsent zu bleiben, anstatt von alten Programmen
der Aggression überwältigt zu werden.
Darf ich dir eine kleine Übung vorschlagen?
Visualisiere jetzt jemanden oder eine Situation, der beziehungswei-
se die dich einst richtig wütend gemacht haben. Lass den Körper
die Augen schließen, und versuche aus deiner Verstandesposition
durch Beobachtung zu erspüren, wo im Körper diese Wut sitzt.
Lass den Fluss der Einatmung in die Region fließen, wo du die
Wut spürst, und stell dir vor, wie der Wind des Atems diese Körper-
region durchweht und reinigt. Anschließend atmest du wieder aus
und spürst, wie der Atem an dieser Körperstelle wieder herausfließt.
Wiederhole diese Atemreinigung einige Male, bis sich der alte
Wutknoten auflöst. Stell dir vor, wie die Person oder das Ereignis,
die dich einst erzürnt haben, gleich einer Wolke von dir weg ins
Universum schweben und sich dort auflösen ... Dann lass den
Körper wieder die Augen öffnen.
Fühlst du dich leichter?

Von: verstand@email-ans-ich.de
An: seele@email-ans-ich.de
AW: AW: AW: Befreiung
Wow! Das ist ja ein cooler Trick! 😎 Kann ich das immer machen?

Von: seele@email-ans-ich.de
An: verstand@email-ans-ich.de
***AW: AW: AW: AW:** Befreiung*
*Du kannst diese Methode in akuten Fällen anwenden, aber zur
gründlichen, energetischen Reinigung ist es hilfreich, wenn du diese
Visualisation wie ein Ritual nach und nach mit allen Ereignissen
und allen Personen durchführst, die dich je im bisherigen Leben
erzürnt haben. So kannst du dich gründlich von aller Wut
reinigen.*

Von: verstand@email-ans-ich.de
An: seele@email-ans-ich.de
Betreff: Soforthilfe
Eine richtige Grundreinigung, was? Prima Idee! Danke dir! Gibt
es auch Präventionsmaßnahmen, um erst gar keine Wutan-
sammlungen im Körper oder im Kopf anzuhäufen … also etwas,
um den Ärger gar nicht an sich heranzulassen?

Von: seele@email-ans-ich.de
An: verstand@email-ans-ich.de
***Betreff:** Abgrenzung*
*Beobachte dich und die aktuelle Situation, in der du aufkeimende
Wut empfindest, bewusst und aufmerksam. Wut löst sich in dem
Moment, in dem sie entsteht, sofort auf, sobald sie genau betrachtet
wird. Durch die Beobachtung enttarnst du das Wut-Programm
und die Automatismen des Schmerzkörpers.*

Von: verstand@email-ans-ich.de
An: seele@email-ans-ich.de
AW: Abgrenzung
Liebe Seele, ☺ ich brauch's anschaulicher! Gibt es dafür nicht auch eine konkrete Übung? Du hast doch so viele schöne Übungen in petto!

Von: seele@email-ans-ich.de
An: verstand@email-ans-ich.de
AW: AW: Abgrenzung
Gerne übermittle ich dir folgende Visualisationsübung, lieber Verstand: Stell dir in akuten Fällen, beispielsweise wenn dich jemand provozieren will, eine schöne Glaskugel um den Körper herum vor, die ihn – und damit auch dich – schützend umhüllt und keine Angriffe oder negative Energie zu dir durchlässt.
Gib der Glaskugel eine leicht blaue Färbung, denn Blau ist eine beschützende Farbe. Den Blauton kannst du dunkler werden lassen, je größer das äußere Wutpotenzial ist. So kannst du Übertragungswege des Ärgers und der Wut anderer Leute auf dich minimieren.
Mit Wut, die jedoch aus dir selbst heraus entsteht, musst du anders umgehen: Du musst sie bewusst betrachten, damit du entscheiden kannst, ob und wie viel Raum du ihr innerhalb deiner Glaskugel gewährst.

Von: verstand@email-ans-ich.de
An: seele@email-ans-ich.de
AW: AW: AW: Abgrenzung
Das mit der blauen Kugel ist gut, sehr gut! Diese Wut ist ja wie ein Alien, den ich mit ernähren muss! Das kostet mich echt zu viel Kraft!

Von: *seele@email-ans-ich.de*
An: *verstand@email-ans-ich.de*
AW: AW: AW: AW: *Abgrenzung*

*Um keinen Wutstau im Körper aufzubauen, frag dich bei aufkei-
mender Wut oder bei Ärger am besten gleich: Ist mir dieses Thema
in einer Woche oder in einem Jahr noch wichtig? Bei der Vorstellung eines solchen Zeitraums verfliegt der meiste Ärger sofort. Wenn
du, entgegen der Erwartungen deiner Mitmenschen, nicht wütend
reagierst, löst sich die Energie des Ärgers augenblicklich auf, weil
die Situation erst gar nicht eskaliert und die Wut der anderen
keine Resonanz in dir findet. Nur allzu häufig ist Wut lediglich
eine Reaktion auf Provokation, aber du entscheidest, ob du das
provokante Spiel mitspielst oder nicht. Mach dir bewusst, dass das
Hin und Her zwischen Provokation und Reaktion alte, animali-
sche Revierkämpfe sind. Musst du heute noch um ein Revier
kämpfen?*

Von: verstand@email-ans-ich.de
An: seele@email-ans-ich.de
AW: AW: AW: AW: AW: Abgrenzung

Definitiv nein!

Von: *seele@email-ans-ich.de*
An: *verstand@email-ans-ich.de*
Betreff: *Medien*

*Dennoch wird die Gemeinschaft der Menschen heute auch noch
in Richtung der alten Revierkämpfe beeinflusst. In Filmen und
Fernsehbeiträgen wird immer wieder dieses alte Spiel – wer
mächtiger ist, wer erfolgreicher ist, wer der Verlierer ist – in
verschiedensten Variationen dargestellt. Über Medien konsumier-
te Ärgernisse und Aggressionen (auch wenn diese nur von*

*Schauspielern gespielt sind) übertragen sich unbewusst auf die
Psyche, ähnlich wie im Bushaltestellen-Szenario. Diese energetischen Übertragungen können leibhaftige Wutstaus entstehen
lassen, die gar nichts mit dir persönlich zu tun haben, die aber
eines Tages aus dir herausbrechen. Sobald du dir dieser Übertragungswege bewusst bist, kannst du solche archaischen Reaktionen
vermeiden.*

Von: verstand@email-ans-ich.de
An: seele@email-ans-ich.de
AW: Medien
Deine Einwürfe bzgl. der Medien sind sehr interessant! Du
meinst, der abendliche Fernsehkonsum zum Runterkommen
macht aggressiv?

Von: *seele@email-ans-ich.de*
An: *verstand@email-ans-ich.de*
AW: AW: *Medien*
*Es kommt darauf an, welche Art von Filmen du dir anschaust.
Nach dem Filmkonsum beschäftigst du dich, werter Verstand,
während der Nacht noch weiter mit dem Gesehenen, nicht wahr?
Es gehört zu deinem Funktionsprogramm, wahrgenommene
Wut und Aggression aufzunehmen und dich zu verteidigen.
Unbewusst lebt die über brutale Bilder aufgenommene Wut in
dir weiter. Du identifizierst dich beim Betrachten von Filmen
mit den Schwachen oder schlüpfst in die Rolle der Starken. Du
möchtest die Schwachen verteidigen, oder du möchtest genauso
mächtig sein wie die Starken. Daraus erwachsen unreflektierte
Wut und Aggression im echten Leben.
Je mehr solche Bilder passiv konsumiert werden, desto mehr
Illusionen entstehen in deiner Fantasiewelt. Es ist ohne Frage die*

Zielsetzung der Filmindustrie, so realistisch wie möglich zu sein,
aber du, der Verstand, hast die Fähigkeit, zwischen Illusion und
Realität zu unterscheiden, solange du wachsam und bewusst
bleibst.

Wenn du dich selbst von Wut und Aggression befreien willst, ist es
ein logischer Schritt, sich keiner durch Bilder künstlich erzeugten
Gewalt auszusetzen, denn Wut und Gewalt lassen wiederum Wut
und Gewalt entstehen. Du hast einmal selbst gesagt, dass für dich
einige ethische Maximen auf der Basis dessen gelten, wie du selbst
behandelt werden möchtest, wie beispielsweise respektvoll und
liebevoll miteinander umzugehen und andere fair zu behandeln.
Warum also dann bewegte Bilder vom Gegenteil konsumieren?

Von: verstand@email-ans-ich.de
An: seele@email-ans-ich.de
AW: AW: AW: Medien

Deine Argumente leuchten mir ein. Aber was tue ich sonst, um
abends runterzukommen? Fernsehgucken ist so schön einfach,
besonders wenn man alleine lebt. Aber ich kenne auch viele Leute, viele Paare und Familien, die allabendlich vor dem Fernseher
sitzen. Das hat so was Gemütliches, man fühlt sich gesellig und
eben nicht so allein.

Von: *seele@email-ans-ich.de*
An: *verstand@email-ans-ich.de*
AW: AW: AW: AW: *Medien*

Tatsächlich hat in der modernen Gesellschaft der Fernseher die
soziale Funktion eines abendlichen Lagerfeuers übernommen, an
dem sich früher Familiensippen trafen, um den Tag zu beschließen.
Im Schein des Feuers fühlten sich alle Menschen sicher und
konnten sich miteinander austauschen, sie konnten die Erlebnisse

des Tages Revue passieren lassen und Ereignisse gemeinsam verarbeiten, um zu einem ruhigen Schlaf zu finden. Das Fernsehen ist der elektronische Ersatz des Lagerfeuers, allerdings ohne sozialen Austausch. Zudem kann aufgrund der vorwiegend brisanten Bilder auch keine Entlastung stattfinden.

Wie wäre es statt passiven Fernsehkonsums mit einem aktiven Abendspaziergang oder dem entspannten Lesen eines Buches? Keine Krimis, sondern schöne Bücher, über die Wunder der Welt, über harmonisches Sein oder über philosophische Betrachtungen des Lebens.

Von: verstand@email-ans-ich.de
An: seele@email-ans-ich.de
AW: AW: AW: AW: AW: Medien

Einverstanden! Das werde ich ausprobieren. Dann schlafen der Körper und ich entspannter, während du, Seele, wieder durch die kosmischen Galaxien schwebst und lichtvolle Energie für uns sammelst. Good News! ☺

Von: *seele@email-ans-ich.de*
An: *verstand@email-ans-ich.de*
Betreff: *Passwort 4*
Ich danke dir, dass du auch an mich denkst, lieber Verstand! Aus den Weiten des Weltalls darf ich dir zum Abschluss des heutigen Tages dein viertes kosmisches Coaching-Passwort für die nächste Bewusstheitsstufe übermitteln:

Lass los, was deiner Kraft im Wege steht!

Fünfter Dialog:
Wie gewinne ich mehr
Lebensenergie?

Über die Müdigkeit des Körpers,
von der Mystik feinstofflicher Energie
und über die Magie der Meditation

Von: verstand@email-ans-ich.de
An: seele@email-ans-ich.de
Betreff: Kraft
Hallo Seele! Guten Morgen!
Das Passwort 4 »*Lass los, was deiner Kraft im Wege steht!*« gefällt
mir ausgesprochen gut und erinnert mich an eine Frage, die ich
dir schon länger stellen wollte: Woher kommt eigentlich die
Kraft, die uns am Leben hält?

Von: *seele@email-ans-ich.de*
An: *verstand@email-ans-ich.de*
AW: *Kraft*
Einen guten Morgen auf Erden auch dir, lieber Verstand.
Es freut mich, wenn du den Tag kraftvoll und mit schönen
Gedanken beginnst. Dein Bewusstheitsniveau erhöht sich tagtäg-
lich, deine Schwingung ändert sich – das erkenne ich mit Behagen.
☺

Du fragst nach der Kraft, die Leben schenkt und erhält. Dies ist
tatsächlich eine philosophische Frage, der schon viele Verstände
über die Jahrtausende der Menschheitsgeschichte nachgegangen
sind.
Rein biologisch sind es Sauerstoff, Nahrung aus Mineralien sowie
Wasser, die die Lebewesen und Pflanzen auf Erden mit Kraft
erfüllen. Für den Menschen spielen Vitamine, Kohlehydrate,
Eiweiß, Ballaststoffe und ein biochemischer Mix aus diversen
Molekülen eine wichtige Rolle. Diese Stoffe verwandeln sich im
Organismus zu Energie, um Körper und Geist am Leben zu
erhalten und ihnen die Kraft für die Bewegung zu verleihen.

Von: verstand@email-ans-ich.de
An: seele@email-ans-ich.de
AW: AW: Kraft
Hey, das ist aber doch nicht alles? Du weißt doch mehr, oder? ☺

Von: *seele@email-ans-ich.de*
An: *verstand@email-ans-ich.de*
AW: AW: AW: *Kraft*
Gerne überbringe ich dir noch mehr Botschaften über die Kraft des Lebens: Die Umwandlung von Nahrung und Sauerstoff ist die grobstoffliche Seite des Lebens, aber natürlich gibt es auch noch eine feinstoffliche Energie, die den Lebewesen den eigentlichen Hauch des Lebens, ihre Lebenskraft schenkt. In Indien und China ist diese Lebensenergie seit alters bekannt und wird dort Prana beziehungsweise Chi genannt. Sie ist nicht sichtbar, aber dennoch vorhanden. Prana ist das, was den grobstofflichen Ausdruck des Lebens belebt, ganz gleich, ob dieser Ausdruck die Form eines Wassertropfens, einer Pflanze, eines Tieres oder eines Menschen hat.

Von: verstand@email-ans-ich.de
An: seele@email-ans-ich.de
Betreff: Lebensenergie
Gibt es für diese feinstoffliche Energie Beweise?

Von: *seele@email-ans-ich.de*
An: *verstand@email-ans-ich.de*
AW: *Lebensenergie*
Deine Wissenschaftssoftware benötigt immer klare Beweise für alles. Darf ich dir ein kleines Experiment in Form von zwei Fragen vorschlagen, die du, lieber Verstand, analysieren kannst?

Erstens: *Aus biologischer Sicht müsste jeder Körper, solange man ihm Nahrung und Wasser zuführt, weiter Lebenskraft produzieren können. Warum also endet zu einem spezifischen Zeitpunkt das körperliche Leben, obwohl der Organismus täglich ernährt wird?*

Zweitens: *Was veranlasst am Beginn des körperlichen Lebens befruchtete Eizellen dazu, sich zu teilen und sich vielfach und anhaltend ein ganzes Leben lang zu vermehren?*

Von: verstand@email-ans-ich.de
An: seele@email-ans-ich.de
AW: AW: Lebensenergie
Diese Fragen machen wirklich stutzig. Kohlehydrate in Form von Nudeln können wohl nicht allein dieses Wachstum und die Lebenskraft bewirken … O.k., es gibt also nicht nur grobstoffliche Energie, sondern auch eine andere Art Kraft, eine feinstoffliche Energie, die du Prana nennst. Ist diese feinstoffliche Lebensenergie der ursprüngliche Lebensspender? Ist sie es, die das Leben entstehen lässt und im Moment des Todes aus dem Organismus entweicht? Und wenn ja, woher kommt diese Energie, und wie gelangt sie in den Körper? (Warum sie das tut, ist vermutlich eine echt philosophische Frage, die ich dir, liebe Seele, vielleicht später einmal stellen werde … ☺)

Von: *seele@email-ans-ich.de*
An: *verstand@email-ans-ich.de*
AW: AW: AW: *Lebensenergie*
Lass mich dir zuerst deine letzte Frage beantworten und erläutern, woher die Lebensenergie stammt:

Prana ist ein Teil der Energie der Urquelle. Du kannst dir Prana wie einen lebendigen Lichtstrahl vorstellen, der aus dem Zentrum der Schöpfung zu allen Wesen gelangt und sie mit lebendiger Kraft erfüllt. Ohne dieses Licht wäre keine Lebendigkeit möglich, der Körper wäre tot. Auch ich würde nicht existieren, und auch du, werter Verstand, wärst zu keinem Gedanken fähig. Die Übertragung elektrischer Blitze von Nervenzelle zu Nervenzelle, woraus schlussendlich Gedanken werden, ist genau genommen lediglich der grobstoffliche Ausdruck dieser feinstofflichen Lebensenergie.

Nun erläutere ich dir gerne, wie Prana in den Körper gelangt: Der Körper nimmt Prana nicht über ein spezielles physisches Organ in sich auf, sondern über feinstoffliche Kanäle. Jeder grobstoffliche Körper ist unsichtbar ummantelt von diversen ätherischen Hüllen, die insgesamt die sogenannte Aura eines Wesens bilden. Diese ätherischen Hüllen filtern die hochfrequent schwingende, universelle Energie, und spezifische Energiezentren, Chakras genannt, leiten Prana schließlich in den Organismus. Im Körper selbst verteilt sich Prana über ebenfalls nicht sichtbare Energiebahnen, um so jeden Körperteil, jedes Organ und jede Zelle zu beleben. Kannst du das nachvollziehen oder gar erspüren?

Von: verstand@email-ans-ich.de
An: seele@email-ans-ich.de
AW: AW: AW: AW: Lebensenergie

Wow! 😮 Ich kann dir folgen … und nicht nur das. In unserem Körper kribbelt es gerade überall, und ich spüre den Wahrheitsgehalt deiner Ausführungen. Das ist sehr spannend! Ich möchte dem noch einige Zeit nachspüren. Ich melde mich in einer Stunde wieder bei dir! CU

Von: verstand@email-ans-ich.de
An: seele@email-ans-ich.de
AW: AW: AW: AW: Lebensenergie
Hallo, bin wieder da und habe mich in der Mittagspause mit dem Nachspüren der Lebensenergie befasst. Genial! Erzähl mir mehr!

Von: *seele@email-ans-ich.de*
An: *verstand@email-ans-ich.de*
AW: AW: AW: AW: AW: *Lebensenergie*
Es gibt Wesen im Universum, die ganz nah mit der Urquelle verbunden sind und die ihre körperliche Gestalt ausschließlich mit Prana ernähren. Es gibt sogar hochentwickelte Menschen auf der Erde, die sich ausschließlich von Licht und Prana ernähren. Im Grunde ist das körperliche Leben ein Energieaustausch. Feinstoffliches Prana wird in eine grobstoffliche Form der Energie verwandelt, die den Organismus bildet. Nach dem Ableben verfällt der Körper, und Prana fließt als feinstoffliche Energie zur Urquelle zurück, die diese Energie wiederum einer anderen Körperform zukommen lässt. Stell dir zur Verdeutlichung die Blätter vor, die von den Bäumen fallen und zu Humus werden, aus dem wieder neue Bäume wachsen können. Alles ist Teil eines multidimensionalen und unendlichen Energieflusses – und dies nicht nur auf dem Planeten Erde. Die Lebensenergie ist eine zeitweilig geborgte Energie, die stets in den großen Kreislauf der Schöpfung zurückfließt.

Von: verstand@email-ans-ich.de
An: seele@email-ans-ich.de
Betreff: Lichtnahrung
Von Menschen, die sich nur von Licht ernähren, habe ich auch schon gehört, hab es aber bisher nicht geglaubt. Ich hab neulich

gelesen, dass ein indischer Yogi wegen eines komplizierten Beinbruchs ins Krankenhaus gekommen ist, aber jegliche Nahrung verweigerte, weil er sich nach eigenen Angaben nur von Licht ernährte. Er wurde – mit seinem Einverständnis – wochenlang beobachtet, während er viele Atem- und Yogaübungen ausführte und stundenlang meditierte. Obwohl er weder aß noch trank, noch Ausscheidungen hatte, waren keine Mangelerscheinungen oder andere Erkrankungen nachweisbar, sondern nur ein überraschend schnell heilender Knochenbruch. Faszinierend!

Unser Körper fühlt sich allerdings zunehmend energielos, egal wie viel oder wie wenig Nahrung er zu sich nimmt. Das wirkt sich irgendwie auch auf mich aus. Alles ist zunehmend kraftloser. Ist das eine Frage des Alterns, oder versiegt die Urquelle der Schöpfung allmählich?

Von: *seele@email-ans-ich.de*
An: *verstand@email-ans-ich.de*
AW: *Lichtnahrung*
Die Urquelle war ewig, ist ewig und wird ewig sein. Genauso ist das Prana, das in Fülle zur Verfügung steht, ewig. Lediglich der grobstoffliche Körper ist vergänglich, damit die Seelen weiterziehen können, auf der Suche nach neuen Erfahrungen – darüber sprachen wir schon.

Wenn der Körper und damit auch du als Teil des Organismus sich zunehmend energieärmer fühlen, kann dies verschiedene Gründe habe. Die häufigste Ursache ist mangelnder oder unruhiger Schlaf gepaart mit nicht ausreichenden Erholungsphasen im Wachzustand.

Mach dir bewusst: *Der Körper und auch du, lieber Verstand, benötigen Auszeiten und Ruhephasen während des Tages. Hektische Mahlzeiten beispielsweise sind keine Erholungsphasen für den*

Körper, und wenn dabei weiter über anstehende Aufgaben und
Arbeit diskutiert wird, kommt auch der Geist nicht zur Ruhe.
Ebenso wenig bietet sportliche Aktivität dem Körper Erholung.
Auch beim Fernsehen oder beim Spielen am Computer vermag sich
der Körper nicht zu regenerieren, und außerdem erfordern diese
Tätigkeiten ständige Denkaktivitäten. Sicher fallen dir noch viele
andere Beispiele ein.

Körper und Verstand benötigen regelmäßige Erholungsphasen. Sie
brauchen Ruhe und Regeneration, und die Seele bedarf der Stille,
um Erlebtes zu verarbeiten. Du, lieber Verstand, bist unentwegt
aktiv, auch in den Träumen. Phasenweise ist diese Aktivität
durchaus in Ordnung, doch wenn dieser Lebensstil zu einem
Dauerzustand wird, fühlst du dich zunehmend energielos und
matt.

Von: verstand@email-ans-ich.de
An: seele@email-ans-ich.de
Betreff: Ruhe
Du meinst, ich soll einfach mal nichts tun, ruhig sein, still sein?
🙂 Wie soll das denn gehen? Ist es nicht der Sinn meines Da-
seins, immer aktiv zu sein?

Von: *seele@email-ans-ich.de*
An: *verstand@email-ans-ich.de*
AW: *Ruhe*
*Der Sinn deines Daseins liegt nicht in einer ständigen Aktivität,
sondern ist viel tiefgründiger. Du hast die Fähigkeit, den Sinn des
Lebens wahrhaftig zu verstehen und umzusetzen. Wenn du diese
Reise der Erkenntnis weiter fortsetzen und dem Leben eine neue
Ausrichtung geben möchtest, ist es wichtig, Folgendes zu erkennen:
Du bist zwar ein zentrales Programm, kannst aber jederzeit*

an- und abgeschaltet werden (wie eine Software, die mal benutzt und mal nicht benutzt wird), und in den Phasen der Abschaltung vermagst du beziehungsweise wir gemeinsam (Körper / Verstand / Seele) zu tiefen Erkenntnissen über das Leben zu gelangen, die nicht auf Fakten und Gedanken beruhen.

Lieber Verstand, durch ihren hektischen Lebensstil haben die heutigen Menschen vergessen, wo sich die Aktivierungs- und Deaktivierungstaste für den Verstand befindet, und so laufen sie im Dauerbetrieb. Die Taste funktioniert aber nach wie vor. Wenn man sie betätigt, kann man einem Menschen zusätzliche, hilfreiche Erholungsphasen verschaffen und damit mehr grobstoffliche wie feinstoffliche Energie generieren und speichern.

Der ganze Alltagsstress mit all seinen psychischen Belastungen führt zu einer permanenten Überreizung des gesamten Systems Mensch, das mit körperlicher und mentaler Mattheit und anhaltender Müdigkeit reagiert, weil das System gar nicht für einen Dauerbetrieb vorgesehen ist. Im Urprogramm des Schlafs, dem niemand entgehen kann, ruht zwar der Körper, aber du, werter Verstand, arbeitest mit all den ungedachten und nicht zu Ende gedachten Gedanken des Tages weiter. Es ist eine Zwangsläufigkeit, dass ein Verstand im Dauerbetrieb irgendwann energielos wird, ausbrennt oder gar durchbrennt.

Von: verstand@email-ans-ich.de
An: seele@email-ans-ich.de
Betreff: Entlastung

Stimmt, liebe Seele! Ich bin immer aktiv, und eigentlich sehne ich mich nach Ruhe. Wie kann ich für Entlastung sorgen? Ich würde auch mal gerne im Weltall schweben, so wie du es während der Erdennacht tust. ☺

Von: *seele@email-ans-ich.de*
An: *verstand@email-ans-ich.de*
AW: *Entlastung*
*Schweben im Weltall ist auch für dich, lieber Verstand, möglich –
dazu musst du deinen Aktivmodus verringern, und das kannst du
lernen.*
*Im äußeren Leben können Stress und emotionale Belastung
reduziert werden. Zusätzlich ist es hilfreich, wenn du dir
ehrliche Gedanken über übertriebenen Ehrgeiz und selbst
auferlegte Leistungsansprüche machst. Denn es sind nicht
ausschließlich die Anforderungen von außen (Job, Familie oder
andere Pflichten) Stress-Faktoren. Zusätzlich legt dir dein
Ego-Programm noch Pflichten auf, die dich in permanenter
Aktivität halten.*

Von: verstand@email-ans-ich.de
An: seele@email-ans-ich.de
AW: AW: Entlastung
Oh je, schon wieder dieses Unterprogramm von mir. Wird lang-
sam Zeit, dass ich das in den Griff bekomme LOL. Welche Leis-
tungsansprüche meinst du konkret?

Von: *seele@email-ans-ich.de*
An: *verstand@email-ans-ich.de*
AW: AW: AW: *Entlastung*
*Ich meine Leistungsansprüche und Ziele, wie beispielsweise immer
der Beste sein zu wollen oder stets Aufmerksamkeit und Bewunde-
rung ernten zu wollen. Auch der Ehrgeiz, immer nur die allerbes-
ten Konzepte abzugeben, oder das Bestreben, immer das neueste
und beste Handy zu besitzen oder im Vergleich zu anderen die
meisten Kilometer beim Joggen zurückzulegen oder das schnellste,*

*teuerste Auto zu fahren … Es gibt eine unendliche Liste selbst
auferlegter Leistungsansprüche.*

*All dies sind nur erdachte Pflichten, die von innen heraus Druck
und Stress bereiten, zusätzlich zum Stress der Leistungs- und
Produktionsgesellschaft in den Industrienationen der Erde. Diese
exogene und endogene Mehrfachbelastung führt allmählich zur
Erschöpfung des Leistungspotenzials, weil durch sie viel Lebens-
energie in Dinge abfließt, die gar nicht lebensnotwendig sind.
Analysiere bitte, was wir, Körper/Verstand/Seele, unbedingt zum
Leben benötigen.*

Von: verstand@email-ans-ich.de
An: seele@email-ans-ich.de
Betreff: Überleben

Du meinst, was nötig ist, um einfach nur zu *sein?* Nun, da wären
Nahrung und Wasser, ein schützendes Dach über dem Kopf …
und Computer und Smartphone selbstverständlich! 😃

Von: *seele@email-ans-ich.de*
An: *verstand@email-ans-ich.de*
AW: *Überleben*

*Ich schätze deine Fähigkeit zu Humor, lieber Verstand. Du hast so
viele großartige Begabungen, wir Seelen bewundern dies.*

*Aber hast du dir schon einmal überlegt, dass vielleicht zukünftig
niemand mehr dich oder einen anderen Verstand braucht, wenn
die Mikrochips der Computer und Smartphones immer leistungs-
stärker und intelligenter werden?*

*Also, Nahrung, Kleidung und baulicher Schutz vor klimatischen
Einflüssen sind die essenziellen Dinge für das Überleben eines
Menschen. Das hast du korrekt erkannt. Zu klären wäre demnach,
ob und inwieweit technische Hilfsmittel notwendig oder überflüssig*

sind, wenn es darum geht, mehr Lebenskraft zu sammeln – denn dies ist deine Ausgangsfrage gewesen.

Darf ich dir ein weiteres kleines Experiment vorschlagen? Lebe eine Woche lang ohne E-Mail und ohne Telefon, absolut ohne, und wenn möglich nicht im Urlaub, sondern im Alltag. Beobachte, was mit dem Lebensstil und mit dem Biorhythmus passiert, wie sich das Thema Zeit für dich während dieser Abstinenz anfühlt.

Von: verstand@email-ans-ich.de
An: seele@email-ans-ich.de
Betreff: Entspannung
Eine Woche ohne Telefon oder Internet? Harte Aufgabe, aber ich werde es probieren … Du weißt Bescheid: Falls ich mich eine Weile nicht bei dir melde, bin ich auf der Suche nach Lebensenergie und nicht online! ☺ Hast du noch andere Tipps, wie ich mehr Entspannung finden und dabei Energie tanken kann, liebe Seele?

Von: *seele@email-ans-ich.de*
An: *verstand@email-ans-ich.de*
AW: *Entspannung*
Als dein Coach empfehle ich dir, regelmäßige Rituale des Schweigens und der Einkehr zu praktizieren.

Von: verstand@email-ans-ich.de
An: seele@email-ans-ich.de
AW: AW: Entspannung
Ich? Schweigen? Machst du Witze? Wie soll das denn gehen? ☻

Von: *seele@email-ans-ich.de*
An: *verstand@email-ans-ich.de*
AW: AW: AW: *Entspannung*

Lieber Verstand, es gibt durchaus einige Methoden, dich zu Stille und Schweigen zu animieren. Erinnere dich an den An- und Ausschaltknopf deiner Software. Es gibt aber auch sanftere Verfahren, die dich durch Ablenkung oder Konzentration vom sich stetig drehenden Gedankenkarussell abbringen, über das du dich anfänglich beklagt hast. Als Beispiele hierfür nenne ich dir Beschäftigungen wie Singen, Yoga, Körperbewegungen oder Meditation.

Beim Singen gehört die Konzentration ganz dem Singen und dem Text, also der Kombination von Tönen und Sprache. Währenddessen kannst du, werter Verstand, nicht über andere Dinge nachdenken, sondern schweigst.

Beim Singen wird zusätzlich der Körper gefordert, ähnlich wie bei der Praxis des Hatha-Yoga, einer Methode zur Entspannung und Anreicherung von Energie. Die Bewegungen und die verschiedenen Körperhaltungen im Einklang mit einem tiefen Atemfluss sind so komplex, dass du, lieber Verstand, dich ganz darauf konzentrieren musst. Auch hierbei kannst du nicht ständig über etwas anderes nachdenken, und das dient der Erholung sehr. Meditation wiederum ist eine höhere Kunst der yogischen Selbstbeherrschung. Der Meditierende lässt seinen Körper in sitzender Bewegungslosigkeit verharren, um den Gedankenfluss abzustellen. Dieses innere Abschalten kannst du mit regelmäßiger Praxis erlernen und Stufe um Stufe ausbauen.

Je öfter du die Software ruhen lässt, desto mehr trägst du dazu bei, dass auch der Körper gesünder werden kann.

Von: verstand@email-ans-ich.de
An: seele@email-ans-ich.de
Betreff: Meditation

Kannst du mir Meditation beibringen? Welche Art von meditativen Übungen empfiehlst du mir? Bin ja quasi Anfänger ☺ … während du sicher ein alter Hase in diesen Dingen bist. ☺

Von: *seele@email-ans-ich.de*
An: *verstand@email-ans-ich.de*
AW: *Meditation*
Gerne lasse ich dich an meinen Erfahrungen teilhaben, lieber Verstand.
In der Meditation musst du wieder die Position des Beobachters deiner selbst einnehmen – so wie ich es dir zuvor schon empfohlen habe, wie zum Beispiel bei der Situation an der Bushaltestelle. Du beginnst, aus der Perspektive des Beobachters deine Gedanken anzuschauen – und zwar ohne diese zu bewerten oder zu Ende zu denken. Stell dir die Gedanken als Wolken vor, die vorüberziehen. Wenn dir das nach einigen Wochen wiederholten Übens gut gelingt, kannst du die Konzentration beispielsweise auf ein Bild, eine Farbe oder ein einzelnes Wort richten. Es ist wie beim Singen – du, lieber Verstand, hast die Fähigkeit und die Vorstellungskraft, dich selbst an- und auszuschalten. Beginne nun auch, diese Fertigkeit zu nutzen.
Mit fortschreitender und idealerweise täglicher Praxis kehrt Ruhe in deine Gedankenwelt ein, und du beginnst, in der Meditation ohne Wahrnehmung und ohne Gedanken zu verharren. In diesem meditativen Zustand kommt die feinstoffliche Lebensenergie des Prana in freien Fluss und kann den gesamten Organismus intensiv durchfluten. Der Körper und du füllen sich mit neuer Energie, Erholung tritt ein. Die Meditation ist die energetische Tankstelle,

die du suchst, und sie verschafft unserem Körper zusätzliche
Ruhephasen außerhalb des nächtlichen Schlafs, was wiederum sehr
gesundheitsfördernd und besonders heilsam bei anhaltender
Müdigkeit, Mattigkeit und Energiearmut wirkt. Bewusste Stille ist
ein göttliches Energiegeschenk.

Von: verstand@email-ans-ich.de
An: seele@email-ans-ich.de
AW: AW: Meditation
Das klingt wirklich nach intensivem Trainingsbedarf, aber vielversprechend und zielführend. So was mag ich: Problem eingrenzen – Lösungen finden – umsetzen! Von was ernährst du dich eigentlich, werte Seele? Unser Körper braucht Kalorien, ich benötige elektrische Lichtblitze … und du?

Von: *seele@email-ans-ich.de*
An: *verstand@email-ans-ich.de*
AW: AW: AW: *Meditation*
Wir Seelen ernähren uns von Licht und Liebe … kosmischer
Liebe … Und tatsächlich fühle ich mich in einem gemeinsamen
meditativen Zustand mit unserem Körper und dir, lieber Verstand,
auch sehr wohl.

Von: verstand@email-ans-ich.de
An: seele@email-ans-ich.de
AW: AW: AW: AW: Meditation
Hilft Meditation auch, die Chakra-Zentren zu vitalisieren und bewusst mehr Prana aufzunehmen?

Von: *seele@email-ans-ich.de*
An: *verstand@email-ans-ich.de*
Betreff: *Chakra*

Meditation ist ein universelles, göttliches Heilmittel und birgt unendliche Magie in sich, lieber Verstand.

Ja, Meditation hilft, die Chakra-Zentren zu vitalisieren, deren Aufgabe es ist, die hochfrequente Prana-Energie für den Organismus zu transformieren und dem Körper zuzuführen. Wenn die Chakras nicht ausreichend funktionieren, erkrankt der Körper. Jedes Wesen muss sich zeitweilig auf den feinstofflichen Energiefluss im Organismus konzentrieren, um den Körper optimal nutzen zu können. Geschieht dies nicht regelmäßig, wird der Organismus trotz ausreichender grobstofflicher Nahrung krank.

Mach dir Folgendes bewusst: *Wenn der Mensch nur mit den äußeren, im Grunde genommen lebensunwichtigen Dingen beschäftigt ist und dadurch überlastet wird, vergisst er über das permanente Tun seine eigentliche Existenz. Der Mensch vergisst zu sein. In Lebensumständen dauerhafter Überlastung funktionieren die Chakra-Kanäle nur eingeschränkt. Das führt zu einer Unterversorgung der Chakras mit Prana und infolgedessen zur Erkrankung der Körperzonen oder Organe, die mit den Chakras in Beziehung stehen.*

Störungen im Pranafluss können aber auch andere Ursachen haben: Wegen der unnatürlichen Lebensweise und des Mangels an Kontemplation und Meditation kommt es zu funktionalen Überlastungen von Organen oder Körpersystemen, die sich in Symptomen wie beispielsweise Bluthochdruck, Herzrhythmusstörungen, übersäuertem Magen oder eingeschränkter Verdauung ausdrücken. Die für die jeweiligen Körperzonen zuständigen Chakras sind in diesen Fällen mit den organischen Erkrankungen ausgesprochen gefordert und können der Transformation der heilenden Prana-Energie kaum noch nachkommen.

Versuche stets, dir dieser fragilen Zusammenhänge zwischen deiner Verstandesebene, den Körperfunktionen und der Lebensenergie bewusst zu sein. Wenn du diesbezüglich achtsam und präsent bist, sind du und der Körper kraftvoll und gesund, und mit deiner Achtsamkeit äußerst du der Schöpfung gegenüber Dankbarkeit und Demut für das Geschenk des Lebens.

Von: verstand@email-ans-ich.de
An: seele@email-ans-ich.de
AW: Chakra

Ich muss das jetzt mal ausprobieren. Wir setzen uns zu Hause gleich in eine ruhige und gemütliche Ecke, und dann versuchen wir zu meditieren. Danach melde ich mich wieder bei dir. Danke erst mal, Coach! ☺

Von: verstand@email-ans-ich.de
An: seele@email-ans-ich.de
AW: Chakra

Bin wieder online, liebe Seele! Interessante Erfahrung, zu meditieren! Also, wenn alles um mich herum ruhig ist, kann ich nicht so ganz aufhören zu denken, aber ich kann mich wenigstens auf den Körper und die Atmung konzentrieren.

Mir fällt es wahrscheinlich ein bisschen leichter, zu meditieren, wenn ich an irgendetwas denken darf. Magst du mir mehr über die Chakras erzählen, und gibt es vielleicht eine spezielle Chakra-Meditation, die die Lebenskraft erstarken lässt? Da hätten wir ja alle drei etwas davon! ☺

Von: *seele@email-ans-ich.de*
An: *verstand@email-ans-ich.de*
Betreff: *Chakra-Meditation*
Sehr gerne – es freut mich, dass du gezielt nach einer Chakra-Meditation fragst, denn sie ist eine Grundform der Meditation, die jeder Verstand leicht nachvollziehen kann.

Stell dir folgendes Bild vor: *Die ätherischen Körperhüllen haben tausende von kleinen Chakra-Zentren, die sich zu sieben Haupt-Chakras im Körper gruppieren und entlang der Wirbelsäule angesiedelt sind. Für den grobstofflichen Körper ist die Wirbelsäule der energetische Hauptkanal, da sich hier alle wichtigen Nerven-bahnen zu einem zentralen Strom versammeln. Die diversen Chakra-Körperregionen entlang der Wirbelsäule kann man durch Visualisation von Farben beleben und heilen.*
Praktiziere folgende Meditation: *Der Körper sollte aufrecht sitzen, und du, lieber Verstand, reduzierst den Gedankenfluss.*
Als Erstes konzentrierst du dich auf den Beckenboden, hier liegt das erste Chakra, das Wurzel-Chakra, *das Prana aus dem feinstofflichen Energiekontingent der Erde bezieht. Während der Ausatmung stellst du dir vor, wie im Beckenbereich aufgestaute Blockaden mit der Atmung ausfließen. Bei der Einatmung stellst du dir vor, wie eine dunkelrote Farbe oder dunkelrotes Licht in das untere Becken einfließt und sich dort angenehm warm ausbreitet.*
Das zweite Chakra ist das Sakral-Chakra, *in Höhe des Schambeins beziehungsweise rückwärtigen Kreuzbeins des Körpers gelegen. Auch hier atmest du alle Belastungen aus, und im Austausch stellst du dir vor, die Farbe Orange oder orangefarbenes Licht einzu-atmen und im Hüftbereich zirkulieren zu lassen.*
Das dritte Chakra versorgt die Bauchregion und liegt ein wenig

oberhalb des Nabels beziehungsweise in der Mitte der Wirbelsäule. Es wird Solarplexus-Chakra genannt. Auch hier kannst du mit der Ausatmung Altes lösen und das Chakra reinigen. Lass beim Einatmen sonnengelbes oder goldenes Licht in die Bauchregion fließen, und stell dir vor, wie ein goldener, warmer Lichtsee im Bauch entsteht.

Es folgt das vierte Pranazentrum, das Herz-Chakra. Es liegt in der Nähe der körperlichen Herzregion am Ende des Brustbeins (und in entsprechender Höhe zwischen den Schulterblättern). Reinige es mit Hilfe des Atems, und wundere dich nicht, wenn der Körper zu weinen beginnt. Tränen sind auch eine Form von Reinigung und wirken erlösend. Zur energetischen Auffüllung visualisiere rosa Licht im Zentrum des Herz-Chakras und lindgrünes Licht, das das Zentrum in Kreisen umrahmt.

In Höhe des Nackens beziehungsweise Kehlkopfes liegt das Hals-Chakra. Diese fünfte Chakra-Region wird ebenfalls durch Ausatmung von Blockaden befreit und mit hellblauem Licht durch bewusste Einatmung wieder aufgefüllt.

In der Mitte der Stirn, am Ende der Nasenwurzel, sowie am Hinterkopf pulsiert das Stirn-Chakra, das oft sehr überlastet ist, weil das Gehirn und damit dein Denkapparat, lieber Verstand, hier beheimatet sind. Das Stirn-Chakra reagiert intensiv auf eine gründliche Reinigung durch den konzentrierten Atem. Fülle diesen Bereich bei sanfter Einatmung mit dunkelblauem Licht.

Als Krone wird das Scheitel-Chakra bezeichnet, welches sich zum Himmel hin öffnet und kosmisches Licht in den Körper strömen lässt, wenn es von Blockaden und Lasten durch bewusste Ausatmung befreit wurde. Fülle das Kronen-Chakra während der Einatmung mit hellvioletter Farbe, die leicht und angenehm in den Kopf einfließt.

Von: verstand@email-ans-ich.de
An: seele@email-ans-ich.de
AW: Chakra-Meditation
Das klingt wunderschön … Ich werde versuchen zu schweigen
und Licht und Farben visualisieren. Wie viel Zeit muss ich für
diese Chakra-Meditation pro Tag auf meiner To-do-Liste einpla-
nen?

Von: *seele@email-ans-ich.de*
An: *verstand@email-ans-ich.de*
AW: AW: *Chakra-Meditation*
*Mit täglichem Training wird dir, lieber Verstand, diese Chakra-
Meditation immer besser gelingen. Der Lohn sind die zunehmende
Ruhe des Gedankenkarussells und die Heilung des Körpers durch
den intensivierten Prana-Fluss im Körper. Du benötigst nur zirka
fünfzehn Minuten Zeit, jedoch sind auch längere Meditations-
zyklen möglich.*
Mach dir bewusst: *Nur fünfzehn Minuten von täglichen vierund-
zwanzig Stunden Lebenszeit sind ein lohnender Einsatz, um die
innere Heilung zu fördern und damit die Lebenszeit auf Erden zu
verlängern und sie fruchtbarer zu gestalten.*

Von: verstand@email-ans-ich.de
An: seele@email-ans-ich.de
Betreff: Phänomen
Good News! Fünfzehn Minuten sind ja nicht viel, selbst bei einem engen Terminplan. Und wenn ich dadurch wieder mehr Lebenskraft gewinne, ist diese Zeit eine wirklich gute Investition.
BTW: Mir fällt auf, dass mehr und mehr Menschen über zunehmende Müdigkeit klagen, auch junge Menschen, auch Leute, die
wenig Stress haben und eigentlich sehr vital sind. Woran liegt das?

Von: *seele@email-ans-ich.de*
An: *verstand@email-ans-ich.de*
AW: *Phänomen*

Das allgemeine Müdigkeitsphänomen hängt mit generellen Veränderungen, die auf Erden vor sich gehen, zusammen. Der Zusammenbruch der bisher für sicher gehaltenen Systeme, alle Zukunftssorgen, die sozialen Unruhen und der Klimawandel auf dem Planeten Erde sind nur einige der Faktoren, die allgemein zu spüren sind und die jeden Menschen mehr oder weniger mit Ängsten erfüllen. Diese Sorgen zehren an der Lebensenergie und machen die Körper müde, sofern die Verstände nicht regelmäßig für energetische Reinigungen und Auffüllungen sorgen, wie es beispielsweise mit der Chakra-Meditation möglich ist.

Die Umwälzungen, die gerade vor sich gehen, häufen sich immer mehr an, und durch diese Kumulation entstehen auf der ganzen Welt feinstoffliche, unsichtbare Energienebel, die jeden Organismus und auch jeden Verstand ständig belasten, so wie es auch bei dir der Fall ist. Man kann sich dieses Phänomen als graue, undurchdringbare Wolken vorstellen, die zusammenflie-ßen und sich immer dichter zusammenballen, die jedoch nicht sichtbar, sondern nur spürbar sind. Unter diesen Energiewolken leiden alle Menschen gleichermaßen, ob jung oder alt, auch dann, wenn sie gar nichts von deren Existenz ahnen. Manche reagieren sensibler und gereizter, manche reagieren mit Müdig-keit und Mattigkeit – all dies sind unmittelbare Reaktionen auf die Energieanballungen.

Diesem Phänomen können du und deine Verstandeskollegen nur mit wachsender Bewusstheit entgegensteuern. Leider reagieren manche Leute auf diesen energetischen Druck aggressiv, und du musst sehr achtsam sein, um dich nicht davon mitreißen zu lassen. Hilfreich ist es, bewusst Ruhe, Entspannung und Auszeiten zu suchen und – wie gesagt, Yoga, Meditation und energetische Reinigungsrituale eignen sich dafür sehr gut. Achtsamkeit sich selbst gegenüber zu üben, ist in dieser Zeitperiode sehr, sehr wichtig und ein wertvoller Ratschlag aus dem Universum für alle Menschen auf Erden.

Von: verstand@email-ans-ich.de
An: seele@email-ans-ich.de
AW: AW: Phänomen

Ich hab auch bemerkt, dass manche Leute gar nicht damit umgehen können, wenn ihr Körper nicht mehr wie gewohnt funktioniert. Anstatt mal halblang zu machen und im Urlaub Sonne zu tanken, verrennen sie sich erst recht in Arbeit oder machen »Aktivurlaub« und ignorieren ihren Körper gänzlich. Was für Veränderungen stehen uns auf der Erde noch bevor? 😕

Von: *seele@email-ans-ich.de*
An: *verstand@email-ans-ich.de*
AW: AW: AW: *Phänomen*

Den großen Masterplan kennen auch wir Seelen nicht im vollen Umfang. Im jetzigen Zyklus des Wandels vollziehen sich nicht nur auf der Erde deutliche Veränderungen, sondern im gesamten Sonnensystem, zu dem die Erde gehört. In der ganzen Galaxie der Milchstraße sind Umgestaltungen spürbar, die auf natürlichen Zyklen des Werdens und Vergehens basieren. Im hiesigen Sonnensystem treten zunehmende Sonnenstürme auf, die die Erdoberfläche beeinflussen. Unter diesem Einfluss verändern sich nicht nur feinstoffliche, sondern auch grobstoffliche Energieformen bis auf kleinster molekularer Ebene. Der Organismus muss diese Modifikationen verarbeiten, was bisweilen die Körper von Mensch und Tier müde macht.

Mit der Zeit wird die Evolution das Leben auf Erden an die
Auswirkungen der Sonnenstürme und Sonneneruptionen anpassen.
Aber im Augenblick befindet sich alles so sehr im Umbruch, dass
sensible Menschen selbst Veränderungen auf der Sonne oder im
Sonnensystem spüren können.
Lieber Verstand, wenn du also mal wieder geistig sehr erschöpft bist
und unser Körper extrem müde ist, ohne dass du einen weltlichen
Grund dafür finden kannst, recherchiere im Internet nach
aktuellen Sonnenstürmen – das mag eine mögliche Erklärung für
die Müdigkeit sein.

Von: verstand@email-ans-ich.de
An: seele@email-ans-ich.de
AW: AW: AW: AW: Phänomen

Das ist ja unglaublich! Ich glaube, dieses Müdigkeitsphänomen ereilt mich gerade ☺ … und unser Körper braucht Schlaf. Danke für deinen Support! Hab in den nächsten Tagen einiges zu tun (Leben ohne Telefon, Meditieren, Reflektieren …). Ich werde mich nach dieser technischen Auszeit wieder bei dir melden. Ist es vor dem Schlafengehen Zeit für ein neues Passwort? CU ☺

Von: *seele@email-ans-ich.de*
An: *verstand@email-ans-ich.de*
Betreff: *Passwort 5*
Löse dich von möglichst allen Gedanken, und praktiziere die neu
erlernten Rituale. Ich freue mich, bald wieder von dir zu hören
oder zu lesen. Hier dein neues Passwort, Nummer 5:

In der Stille liegt die Essenz des Seins!

Sechster Dialog:
Warum empfinde ich manchmal Angst?

Über verschiedene Ängste,
von Verantwortung und Karma
und über göttliches Vertrauen

Von: *seele@email-ans-ich.de*
An: *verstand@email-ans-ich.de*
Betreff: *Geht es dir gut?*
Hallo, lieber Verstand! Geht es dir gut? Ich hab schon längere Zeit keine E-Mail mehr von dir bekommen!

Von: verstand@email-ans-ich.de
An: seele@email-ans-ich.de
AW: Abwesenheitsnotiz
Danke für Ihre E-Mail! Ich bin in den nächsten Tagen nicht erreichbar und melde mich nach meiner Rückkehr umgehend bei Ihnen.

Von: *seele@email-ans-ich.de*
An: *verstand@email-ans-ich.de*
AW: AW: *Abwesenheitsnotiz*
Ich freue mich, dass du wirklich eine elektronikfreie Auszeit nimmst. Wenn du wieder online bist, werden wir sicher wieder in Kontakt treten.
Die Seele grüßt dich

Von: verstand@email-ans-ich.de
An: seele@email-ans-ich.de
Betreff: Rückkehr
Bin wieder da! Brauchst dir keine Sorgen zu machen ☺ ... Hab nur einige Tage versucht, was du mir geraten hast, und ohne Laptop und Smartphone gelebt. DAS WAR UNGLAUBLICH!! Das Leben läuft viel langsamer ab, und ich fühlte mich richtig-

gehend entschleunigt! Ich hatte auf diese Weise auch mehr Zeit für die Meditation und ausgiebige Chakra-Arbeit. Werde ich auch weiter beibehalten!

Anfangs hätte ich nie gedacht, dass ich ohne Telefon und E-Mail auch nur einen Tag überleben würde. Es war wie eine Sucht, die es zu überwinden galt, echt schwierig zu Beginn. Selbst während der paar Tage Urlaub war der Griff zum Handy oder Computer bisher so selbstverständlich, dass es echt Überwindung kostete und starke Präsenz forderte, dies zu unterlassen. Anfänglich empfand ich nervöse Unruhe und Angst, etwas zu verpassen. Letztlich habe ich aber erstaunlicherweise die Ruhe genossen und mehr persönlich mit Freunden kommuniziert. Herrlich erholsam!

Mal unter uns: Muss ich mir Sorgen machen, abhängig zu sein?

Von: *seele@email-ans-ich.de*
An: *verstand@email-ans-ich.de*
Betreff: *Kommunikationsmittel*
Die Stille in Kopf und Körper habe auch ich genossen … Ab und zu braucht unsere Trinität Körper/Verstand/Seele wirkliche Ruhe. Eine Form von Abhängigkeit ist die moderne Telekommunikation schon, aber sie ist auch nicht mehr aus dem Alltag wegzudenken. Durch bewusste zeitweilige Nicht- oder Mindernutzung findet man zurück zu einem bewussten Umgang mit Medien, die sonst zur Selbstverständlichkeit werden und dabei das Leben immens beschleunigen und hektisch gestalten.

Von: verstand@email-ans-ich.de
An: seele@email-ans-ich.de
AW: Kommunikationsmittel
Wieso war ich so unruhig, fast ängstlich ohne Handy und Internet?

Von: *seele@email-ans-ich.de*
An: *verstand@email-ans-ich.de*
AW: AW: *Kommunikationsmittel*

Die Unruhe, die du verspürt hast, ist eine aufkeimende Angst, nicht gebraucht zu werden und nicht mehr wichtig zu sein beziehungsweise etwas zu verpassen und nicht mehr im Mittelpunkt zu stehen oder von anderen vergessen zu werden. Alle diese Ängste wurzeln in der modernen Gesellschaft der Menschen, in der viele recht anonym miteinander umgehen. Die Angst, nicht gebraucht zu werden, ist eine weitere Illusion deiner Ego-Subroutinen, lieber Verstand. Gleichzeitig durftest du mit diesem Experiment die heilende Erfahrung der Entschleunigung machen. Integriere beides in deine Bewusstheit, denn auf das bilanzierte Maß zwischen Nutzen und Abhängigkeit kommt es an. Finde heraus, welches Maß dir persönlich am zuträglichsten ist. Hast du dich auch einsam gefühlt, so ganz ohne Handy und Computer?

Von: verstand@email-ans-ich.de
An: seele@email-ans-ich.de
AW: AW: AW: Kommunikationsmittel

Ehrlich gesagt, ja.

Von: *seele@email-ans-ich.de*
An: *verstand@email-ans-ich.de*
AW: AW: AW: AW: *Kommunikationsmittel*

Diese Vereinsamung ist ebenfalls ein aktuelles und verbreitetes Erdenphänomen. Uns Seelen fällt auf, wie die Menschen trotz der Möglichkeit permanenter elektronischer Kommunikation zunehmend vereinsamen, weil zwischenmenschliche, persönliche, direkte Kontakte im gleichen Maße abnehmen, wie die Nutzung der elektronischen Kommunikation zunimmt. Freundliches Grüßen,

Händeschütteln, jemanden in den Arm nehmen oder jemanden bei Unterhaltungen in die Augen schauen sind wichtige soziale und haptische Formen der Kontaktpflege, die dem Menschen zu eigen sind und derzeit Gefahr laufen, verloren zu gehen. Lieber Verstand, es freut mich, dass du bei deinem Enthaltsamkeitsexperiment selbst feststellen konntest, wie wohltuend die persönliche Kommunikation mit Freunden ist.

Technik ist ohne Zweifel hilfreich und Teil der wichtigen aktuellen Evolution auf Erden. Aber diese Medien bergen auch Gefahren in sich, wenn sie nicht zielgerichtet und zeitlich begrenzt eingesetzt werden. Elektronische Medien bieten durchaus einen Ersatz dafür, von anderen gebraucht und wichtig genommen zu werden, und das ständige Klingeln des Handys vermittelt dem Ego das Gefühl, stark und bedeutend zu sein. Sei also stets wachsam in Bezug auf dein Ego-Unterprogramm.

Von: verstand@email-ans-ich.de
An: seele@email-ans-ich.de
Betreff: Subroutine
Na toll – da ist sie ja wieder, diese Ego-Subroutine! ☺ Nutzt das Ego-Programm doch tatsächlich jede winzige Gelegenheit, sich wichtig zu machen! Selbst beim Handy-Klingeln. Aber du hast vollkommen recht … deswegen fiel es mir anfänglich so schwer, nicht zu telefonieren oder E-Mails zu checken. Ich »dachte« (bzw. das Ego dachte), nicht mehr existent zu sein!

Von: *seele@email-ans-ich.de*
An: *verstand@email-ans-ich.de*
AW: *Subroutine*
Gut erkannt – denn wenn etwas routiniert abläuft, birgt es immer die Gefahr in sich, gegen deine Bewusstheit zu arbeiten, lieber

Verstand. SMS und E-Mail sind sozusagen eine neue Form der
Muttermilch, über die eine Art virtuelle Liebe verteilt wird, nach
der das Ego süchtig ist, wie es unter Umständen auch nach
Ablehnung und Schmerz süchtig sein kann. Nun, auch wir beide,
Verstand und Seele, kommunizieren per E-Mail – zumindest so
lange, bis wir feinstofflichere Wege der Kommunikation gefunden
haben.

Achte stets darauf, dass deine Gedanken nicht von den Medien
beherrscht werden oder die Medien gar deine bewusste Selbstbeob-
achtung und die Reflexion deines Denkens und des Handelns
unterdrücken. Die elektronischen Medien und die schnelllebige
Kommunikation blockieren große Mengen von deinen Verstandes-
kapazitäten, die du durch eine Minimierung des medialen Einflus-
ses besser und zugleich zielführend für deine Bewusstheitssuche
einsetzen kannst.

Von: verstand@email-ans-ich.de
An: seele@email-ans-ich.de
Betreff: Anonymität
Auf mich wirken persönliche Gespräche ohnehin viel intensiver.
Manchmal kommt es mir so vor, als ob der Filter der Medien
(Telefon, Computer, TV) das Leben anonymer macht und mich
selbst auch passiver werden lässt … unser beider bewusste E-
Mail-Kommunikation natürlich ausgenommen, werte Seele. ☺

Von: *seele@email-ans-ich.de*
An: *verstand@email-ans-ich.de*
AW: *Anonymität*
Dein Gespür trügt dich nicht. Wenn all die Krisen, von denen
Freunde berichten, die Wut und der Ärger, den sie erleben, wenn
all die im Fernsehen gezeigten Naturkatastrophen, Hungersnöte,

*Kriege, Verbrechen und Morde direkt im eigenen Wohnzimmer
stattfinden würden, würdest du instinktiv und aktiv eingreifen
und die Missstände bekämpfen, weil du unmittelbar mitbetroffen
wärst. Die Medien jedoch filtern die Dramen der Welt … und
darin liegt eine große Problematik: Die Welt verändert sich nur
langsam, weil die Menschen noch nicht genug persönlich betroffen
sind, sondern die Katastrophen lediglich gefiltert und passiv
wahrnehmen.*

Von: verstand@email-ans-ich.de
An: seele@email-ans-ich.de
AW: AW: Anonymität
Wenn ich dich richtig verstehe, hat sich unsere Erdengemeinschaft in den letzten Jahren zu einer Gesellschaft der Anonymität
und der Widerstandslosigkeit entwickelt. Unterdrücken wir deshalb so viele Gefühle?

Von: *seele@email-ans-ich.de*
An: *verstand@email-ans-ich.de*
AW: AW: AW: *Anonymität*
*Anonymität ist sozusagen Gegenteil von Bewusstheit, und
insofern ist die Suche nach Bewusstheit und, in der Folge, ein
Denken und ein Handeln in Bewusstheit der Weg, den du und
deine Verstandeskollegen jetzt suchen und beschreiten müsst.
Mangelnde Bewusstheit und nicht vorhandene Achtsamkeit sich
selbst und anderen gegenüber führen zwangsläufig dazu, sich
nicht mehr mit den wirklichen Empfindungen und Gefühlen
auseinanderzusetzen. In der Anonymität der Gesellschaft, aber
auch in der persönlichen Anonymität, also in einem Leben ohne
bewusste Selbstreflexion, können sich dunkle Schatten, das Ego
und der Schmerzkörper unbeobachtet ausbreiten – deswegen ist es*

für die individuelle Entwicklung so wichtig, sich selbst ständig
wachsam zu beobachten.

Von: verstand@email-ans-ich.de
An: seele@email-ans-ich.de
Betreff: Schattenseiten
Liebe Seele, ich habe eine weitere Frage. Ist es möglich, dass in
den dunklen Schatten meiner selbst diffuse Ängste entstehen,
die ich nicht einordnen oder beherrschen kann, die aber in bestimmten Situationen stärker werden und die mich letztlich beherrschen und das Handeln bestimmen? Werde ich von meinen
eigenen Ängsten ausgeknockt?

Von: *seele@email-ans-ich.de*
An: *verstand@email-ans-ich.de*
AW: *Schattenseiten*
Jeder Verstand – so auch du – verfügt über lichtvolle Seiten,
bewahrt aber auch Schatten in seinem Inneren. Diese Schatten
sind ganz tiefliegende Unterprogramme deiner Intelligenz, die
noch nicht erkannt, geläutert und neu programmiert wurden.
Es sind diverse Ahnungen und Ängste, die sich deinem Bewusst-
sein entziehen – sie sind allgegenwärtig, der Zeit jedoch nicht
mehr angemessen, und bekommen konkrete Formen, sobald
deine Bewusstheitsentwicklung fortschreitet.
Ursprünglich war die Angst konkret – es war die Angst vor dem
Tod, also eine tief verankerte Emotion, die mit animalischen
Instinkten und Überlebenswillen verbunden ist. In den hoch
entwickelten Ländern mit ihrem modernen Lebensstil droht
jedoch nicht mehr wirkliche Gefahr, das Leben zu verlieren.
Dennoch steht hinter allen diffusen Ängsten von heute immer
noch die ursprüngliche Angst vor dem Tod.

Wenn du, lieber Verstand, beispielsweise über Filme jede Menge Angst, Brutalität und Gewalt konsumierst (wir sprachen bereits darüber), werden die schattenhaften Subroutinen vorausberechnen, dass dir dies eines Tages selbst widerfährt, weil du es als Realität ansiehst. Im Grunde finden wir immer wieder das gleiche Prinzip vor: Unterprogramme laufen im Unterbewusstsein automatisiert ab, solange du dir deiner Gedanken, deines Handelns und deines Konsums nicht gänzlich bewusst bist.

Von: verstand@email-ans-ich.de
An: seele@email-ans-ich.de
AW: AW: Schattenseiten

Liebe Seele, tatsächlich werden mir all diese Verknüpfungen Tag für Tag bewusster, und mir fallen zunehmend meine eigenen Schattenseiten sowie die Schatten in der Welt auf. Ich reagiere immer sensibler auf Ungerechtigkeiten, und ehrlich gesagt hab ich diese ganze Gewalt in der Welt und in den Medien echt satt! Erschrocken stelle ich fest, wie viele Menschen ganz unbewusst mit ihrer Lebensenergie umgehen, dass sie gar nicht reflektieren, sich aber kontinuierlich über dies und das beklagen. Mitunter leben sie ihre angestauten Gewalt- und Beherrschungsfantasien mit Computer- oder Sexspielen aus, spinnen im realen Leben Intrigen oder betreiben Mobbing am Arbeitsplatz und fragen sich nicht, wo ihre Aggressionen eigentlich herkommen und was sie damit auslösen. Gewalt (egal welcher Form) erzeugt immer nur Gegengewalt und ist völlig unnötig, denn genau genommen müssen wir ja heute gar kein Hab und Gut mehr verteidigen. Dennoch macht mir dieses partielle Aufbäumen von direkter oder indirekter Gewalt, von Gier und Neid echt Angst. 😟 Was kann ich kleiner Verstand der Gewalt in der Welt entgegensetzen?

Von: *seele@email-ans-ich.de*
An: *verstand@email-ans-ich.de*
Betreff: *Führung*
Lieber Verstand, ich darf dir als Botschaft aus dem Universum
die Zuversicht vermitteln, dass du der Gewalt auf Erden sehr viel
entgegenzusetzen vermagst. Analysiere bitte, wer in der Welt die
Regie führt, wer Fantasien entwickelt und wer die Handlungen
der Menschen erdenkt und verantwortet.

Von: verstand@email-ans-ich.de
An: seele@email-ans-ich.de
AW: Führung
O. k., verstehe. ☺ Regie in der Welt führen wohl ich und meine
Verstandeskollegen, die Denkorgane. Fürs Protokoll möchte ich
aber anführen, dass Gewalt und Aggression doch sicher nur von
Verständen ausgehen, die nicht reflektieren und noch keine Be-
wusstheit entwickelt haben, oder etwa nicht?

Von: *seele@email-ans-ich.de*
An: *verstand@email-ans-ich.de*
AW: AW: *Führung*
Lieber Verstand, deine Analyse ist sehr intelligent, denn du gibst
die richtige Antwort, die auch gleich die Lösung des Problems
impliziert. Du merkst, wie entscheidend es ist, selbstkritisch zu
reflektieren und sich seines Denkens und Handelns jederzeit voll
und ganz bewusst zu sein … Und du siehst inzwischen aus deiner
beobachtenden Perspektive, welche Auswirkungen es hat, wenn
keine Bewusstheit vorliegt.
Die Führung der Menschenwelt geht von dir und allen anderen
Verständen aus, die allesamt durchaus vernunftbegabt sind und
sehr wohl zwischen richtig und falsch unterscheiden können.

Warum sich also inszeniertem Horror in Filmen hingeben, um dann im wirklichen Leben ebenso bedrohliche, jedoch fiktive Angst zu spüren? Viele Ängste sind – wie bereits gesagt – irreal und unnötig. Es wäre wünschenswert, wenn nicht nur du, sondern alle Verstände damit anfangen würden, sich kollektiv in Sachen Aggression und Gewalt umzuprogrammieren. Du persönlich bist längst auf dem besten Wege, dies zu tun, und mit dir sind viele andere ebenfalls dazu bereit. Möge diese Woge der Bewusstheit sich weiter ausbreiten. Sobald ihr beginnt, anders zu denken, sobald ihr beginnt, Gewalt aus euren alten Speichern zu entfernen, sobald ihr beginnt, diese archaischen Programme durch liebevolle Gefühle und Zuneigung zu ersetzen, wird die Welt in friedlicherem Licht erscheinen. Es sind die Gedanken, die die Welt formen, und alle Optionen sind gegeben, um eine Wunschwelt nach den eigenen Vorstellungen mit Hilfe zielgerichteter Handlungen zu erschaffen. Erinnere dich bitte an das zweite Passwort, das lautet: »Agiere bewusst, und verändere die Welt!«.

Von: verstand@email-ans-ich.de
An: seele@email-ans-ich.de
AW: AW: AW: Führung

Ja, das Passwort gefällt mir sehr, und nach meinen Erfahrungen der letzten Wochen kann ich nur bestätigen, dass wir über unsere Schwingungen, die wir aussenden, die uns umgebende Welt beeinflussen und formen. Die Vorstellung, die Welt, die wir uns wünschen, aktiv erschaffen zu können, ist wundervoll. Wenn viele Verstände dieses Passwort kennen und es wirklich, wirklich alle umsetzen, würde die Welt sich auf beeindruckende Weise verändern. Aber das wird wohl noch etwas Zeit brauchen.

Bisher habe ich geglaubt (Frage: Kann ich eigentlich glauben? Findet »glauben« im Verstand statt? Hmm … 😐), dass ein

146

Gott, der – oder die – irgendwo über uns thront, die Welt erschaffen hat und jeden Lebensweg sowie das Menschenschicksal insgesamt zum Guten oder zum Schlechten lenkt. Inzwischen bezweifele ich dies.

Wenn die Gedanken wirklich die Welt formen und jede und jeder die Möglichkeit hat, seine Wunschwelt nach seinen Gedanken mit der Kraft bewusster Handlungen zu gestalten, würde dies ja bedeuten, dass jeder Verstand auch ein Schöpfer ist. Ist das so?

Von: *seele@email-ans-ich.de*
An: *verstand@email-ans-ich.de*
Betreff: *Göttliche Kraft*

Du erkennst nun die großen wesentlichen Zusammenhänge. Du nutzt deine genialen Fähigkeiten des logischen Denkens inzwischen bestens dazu, Bewusstheit zu fördern und Kausalitäten aufzuspüren. Ich freue mich, werter Verstand. Du vermagst inzwischen zu erkennen, dass der Verstand und der Mensch und auch die Seelen dem großen Prinzip der Schöpfung gar nicht unähnlich sind.

Wisse und glaube (beides ist dir als Verstand möglich): Die schöpferische Kraft steckt in allem – in dir, dem Verstand, im Körper und in mir, der Seele, und so auch in allen anderen Menschen. Wer diese essenzielle Weisheit versteht, kann das Leben formen, kann die Welt verwandeln. Mit dem Wissen um die Schöpfungskraft kann der Mensch seinen eigenen Lebensweg modellieren und muss nicht darauf warten, dass ein höheres Wesen dies schicksalhaft und Urteile sprechend für ihn tut. Es gibt unendlich viele feinstoffliche Helfer (Seelen, die sich mit Freude dafür entschieden haben, unsichtbar zu bleiben), die den Menschen hilfreich zur Seite stehen, und zugleich ist die eigene Schöpfungskraft in jedem Menschen ausreichend vorhanden.

Wer dieses Prinzip des Universums versteht, versteht auch, warum bisherige Lebenserfahrungen unter Umständen eventuell unglücklich oder leidvoll waren: Der Mensch selbst ist der Schmied seines Schicksals, des guten wie des schlechten. Hab tiefes Vertrauen in diese universelle Wahrheit.

Von: verstand@email-ans-ich.de
An: seele@email-ans-ich.de
AW: Göttliche Kraft

D. h. also, wenn man sich das Leben elendig und schmerzvoll vorstellt, wird es auch so werden, und wenn wir Liebe und Freude suchen, werden wir sie finden? Sind vielleicht viele so stoisch und passiv, weil sie denken, es gäbe keinen Handlungsbedarf, da sie an einen Gott glauben, der schon alles in Ordnung bringen und richten wird?

Von: *seele@email-ans-ich.de*
An: *verstand@email-ans-ich.de*
AW: AW: *Göttliche Kraft*

Manche benötigen den Glauben an einen Gott, der straft und lobt, lieber Verstand, weil sie dadurch glauben, zu einem besseren Menschen zu werden. Aber so richtig funktioniert das nicht, in keiner der Weltreligionen.

Nachvollziehbarer scheint doch in der heutigen Zeit ein Konzept zu sein, das jedem selbst die Eigenverantwortlichkeit bewusst macht. Die Visualisierungskraft der Verstandesintelligenz vermag Schwingungen auszusenden, die das Leben problematisch oder wunderschön sein lassen. Der Glaube an eine überirdische, justiziare Institution, die über das Schicksal des Lebens entscheidet, ist mitunter eine Art von Flucht des Menschen vor der Auseinandersetzung mit seiner Eigenverantwortung.

Allerdings spielen auch die Seelenerfahrungen aus vergangenen
Existenzen im derzeitigen Leben eines Menschen auf Erden eine
wesentliche Rolle. Ich erläuterte dir bereits die Verbindung eines
jeden Wesens mit der Urquelle. Von dort erhalten die Seelen – und
damit auch unsere Einheit Körper/Verstand/Seele – die feinstoff-
liche Lebensenergie, das Licht oder den göttlichen Funken, wenn
du es so nennen magst. Dieser göttliche Funke ruht in jedem und
verleiht jedem die wundervolle Kraft und die liebevolle Macht, die
Form, die Farbe und den Verlauf des eigenen Lebens zu bestim-
men, sein Leben nach eigenen Wünschen und Vorstellungen zu
modellieren und zu kreieren.

Alle Wesen sind kleine Gottheiten, die im Rahmen ihrer Lebenszy-
klen viel Zeit und viele Gelegenheiten erhalten, das Dasein nach
ihren eigenen Vorstellungen mit Inhalt zu füllen, während die
Urquelle der Schöpfung die äußere Form, die größeren, universel-
len, kosmische Bahnen bereitstellt, innerhalb derer Agieren und
Wirken möglich ist. Dazu stellt die Urquelle Prana als Nahrung
für das Leben zur Verfügung. Alles Leben ist über einen goldenen,
aus Licht gewobenen Faden mit der Urquelle verbunden, die
helfend und unterstützend eingreift.

Jedes Wesen wird von der Urquelle des Lebens beschützt, jedoch ist
jedes Wesen gleichzeitig selbst voll und ganz für sein Wirken und
Handeln verantwortlich – dies ist das kosmische Gesetz des
Karmas.

Von: verstand@email-ans-ich.de
An: seele@email-ans-ich.de
Betreff: Karma

Sei bitte so nett und erläutere mir das Gesetz des Karmas! Ich
hab diesbezüglich einige Infos und Assoziationen wie »Schicksal«, habe aber den Verdacht, dass dies nicht ganz zutrifft. ☺

Von: *seele@email-ans-ich.de*
An: *verstand@email-ans-ich.de*
AW: *Karma*

Das Gesetz des Karmas ist ein feinstoffliches Gesetz und hat ausnahmslos universelle Gültigkeit, im gesamten Raum der Schöpfung. Es ist ein kosmischer Kodex, der galt, gilt und immer gelten wird.

Dieses Gesetz ist unumstößlich und grundlegend, da die gesamte Schöpfung auf feinenergetische Bilanzierung aufgebaut ist, um alle Verbindungen in den Weiten des Weltraums harmonisch und ausgewogen gestalten zu können. Das Gesetz des Karmas sorgt für Ausgeglichenheit. Das lineare Zeitkonzept, wie die Menschen es kennen, spielt dabei keine Rolle, weshalb das Gesetz des Karmas lebensübergreifend ist und alle Reinkarnationen der Seelen miteinbezieht.

Das Wort »Karma« bedeutet Handlung oder Tat, und das Gesetz des Karmas beschreibt, wie jedes Wesen vollumfänglich verantwortlich für alle seine Taten und Handlungen ist. So weit, lieber Verstand, bedeutet dieses Gesetz nichts anderes, als auch die irdischen Gesetze der Menschen besagen.

Das Gesetz des Karmas greift jedoch weit über einen irdischen Lebenszyklus hinaus. So gilt die Verantwortlichkeit für alle Handlungen nicht nur für die lineare Zeiteinheit des Heute und Morgen, sondern für alle Lebenszyklen, die die Seelen durchwandern. In der Multidimensionalität der Schöpfung sind alle bisherigen, aktuellen und zukünftigen Reinkarnationen in den Verantwortungskreislauf miteinbezogen. Das Gesetz des Karmas ist der zentrale feinstoffliche Kodex, von dem alle Seelen Kenntnis haben und den sie ehren und achten.

Von: verstand@email-ans-ich.de
An: seele@email-ans-ich.de
AW: AW: Karma

Was passiert, wenn diesem kosmischen Gesetz zuwider gehandelt wird? Heißt es nicht »Gottes Strafe folgt auf dem Fuße«, und das ist es doch genau, was den Menschen Angst macht, oder? ☺

Von: *seele@email-ans-ich.de*
An: *verstand@email-ans-ich.de*
AW: AW: AW: *Karma*

Es gibt keinen strafenden Gott, sondern nur das Gedächtnis der Seelen, die alle Erfahrungen und Handlungen in sich tragen, sich – durchaus freiwillig – für die Taten eines Menschen verantwortlich fühlen und alle ihre Erkenntnisse in die Urquelle einspeisen. Genau genommen gibt es auch keine Zuwiderhandlungen, denn der Kodex ermahnt dazu, alles wertfrei zu betrachten. Die Verantwortung des Karmas bedeutet nicht Wertung, sondern impliziert die Motivation, sich höherzuentwickeln und bewusster zu handeln. Handlungen zum Wohle der Gemeinschaft werden genauso registriert wie Handlungen zum Schaden anderer – all diese Ausprägungen sind Erfahrungen, die allen Seelen mit Hilfe der Schöpfung zur Verfügung stehen. Aber jede Seele muss sich individuell und vor sich selbst für alle ihre Handlungen in den jeweiligen Lebenszyklen rechtfertigen – vor sich selbst und nicht vor einer göttlichen Justiz. Es geht um die Anreicherung mit Erfahrungswerten.

Das kosmische Gesetz der Schwingung – wir sprachen schon darüber – verursacht unter Umständen das, was du, lieber Verstand, als »Strafe Gottes« bezeichnest. Das Prinzip der kosmischen Schwingung bedingt, dass das, was ausgesendet wird, in

Resonanz zum Ursprung zurückkehrt. Was als erzieherische Maßnahme oft leichtfertig als »Strafe Gottes« oder Schicksal bezeichnet wird, ist im Grunde genommen eine Selbstbestrafung, die wir Seelen jedoch als Signal, als eine Möglichkeit des Erwachens, bezeichnen. Idealerweise wird dieses Wachrütteln nicht nur von der Seele, sondern auch vom Verstand vernommen. Das würde den Menschen dann veranlassen, bei nächster Gelegenheit differenzierter und bewusster zu handeln.

Von: verstand@email-ans-ich.de
An: seele@email-ans-ich.de
AW: AW: AW: AW: Karma
Kannst du mir ein kleines Beispiel für einen »Wachrüttler« nennen, bitte? ☺

Von: *seele@email-ans-ich.de*
An: *verstand@email-ans-ich.de*
AW: AW: AW: AW: AW: *Karma*
Gerne. Diese Signale treten, je nach Grad der Bewusstheit, bei den großen Lebensaufgaben zutage, aber auch bei kleinen alltäglichen Gelegenheiten, wenn du, lieber Verstand, nicht auf das sogenannte Bauchgefühl (auf die Intuition, auf meine Seelenstimme) hörst.
Ich gebe dir ein Beispiel: In Eile wird ein Glas zu nahe am Tischrand abgestellt. Intuitiv vernimmst du eine warnende Stimme, die auf Gefahr hinweist. Wenn das Glas nun tatsächlich fällt und am Boden zerbricht – das ist der Wachrüttler.
Eine solche Resonanz tritt natürlich auch in größeren Zusammenhängen und im Zusammenleben mit den Mitmenschen auf. Kannst du nun verstehen, weshalb die Seelen so inniglich danach trachten, dass die menschlichen Handlungen andere Erdenwesen

nicht verletzen? Wir versuchen, Schmerzen aller Art zu vermeiden, nicht nur zum Wohl anderer Wesen, sondern auch um unser
selbst willen. Aus diesem mystischen Wissen ist der liebevolle
Umgang mit der Schöpfung und allen Lebewesen ein zentraler
Bestandteil des Zusammenlebens, und es wäre wünschenswert,
wenn diese Direktive wahrhaft respektiert und beachtet werden
würde.

Von: verstand@email-ans-ich.de
An: seele@email-ans-ich.de
Betreff: Verantwortung
Bäumt sich deswegen deine Seelenstimme zu gegebener Zeit
ziemlich auf, weil du die Konsequenzen meines Denkens und
des daraus folgenden Handelns des Menschen gelegentlich vor-
ausahnst und weil du weißt, dass du es später ausbaden musst?
😉

Von: *seele@email-ans-ich.de*
An: *verstand@email-ans-ich.de*
AW: *Verantwortung*
»Ausbaden« ist vielleicht nicht der kosmische Terminus dafür, aber
im Prinzip hast du recht. Ich freue mich, wenn du täglich mehr
über deine Schritte und Taten reflektierst und so der karmischen
Verantwortung auf der irdischen Bewusstseinsebene näher
kommst. Das macht unsere gemeinsame Existenz einfacher und
harmonischer und wirkt sich zudem positiv auf die Gemeinschaft
aller Wesen aus. Du spürst ohnehin genau, wenn du andere
Menschen oder deine Umgebung schlecht behandelst. Dieses
Gefühl des Zuwiderhandelns kann man kosmisches Gewissen
nennen – es ist ein wichtiger Verbindungsstrang zwischen dir und
mir, zwischen der Schöpfung und dem Menschen als Miniatur-

matrix der Schöpfung. Das kosmische Gewissen dient dazu,
liebevolles Handeln zu fördern und dadurch Ängste zu mini-
mieren.

Von: verstand@email-ans-ich.de
An: seele@email-ans-ich.de
AW: Gewissen
Liebe Seele, was passiert, wenn ich gegen deine Stimme bzw.
wider mein besseres, inneres Gewissen handle, also Dinge tue,
von denen ich eigentlich innerlich weiß, ich sollte sie nicht tun?

Von: *seele@email-ans-ich.de*
An: *verstand@email-ans-ich.de*
AW: AW: *Gewissen*
Das gleicht den Wellen, die man verursacht, wenn man einen Stein
ins Wasser eines Sees wirft. Die Wellen wirken sich rund ums
Seeufer aus, kehren aber auch zur Mitte zurück, dorthin, von wo
sie einst ausgegangen waren. Wenn du die Stimme des Gewissens
bewusst vernimmst, wirst du nicht mehr gegen andere und gegen
dich selbst handeln können.
Dies ist ein Resultat des Bewusstheitsprozesses, den du, lieber
Verstand, begonnen hast. Solange jedoch ein Verstand nicht zur
Bewusstheit erwacht ist, wird er die innere, weise Stimme gar
nicht oder kaum vernehmen. So kreiert er unablässig feinenergeti-
sche Widersprüche, die karmische Konsequenzen nach sich ziehen.
In solchen Fällen findet allmählich eine Abspaltung zwischen
Verstand und Seele statt. Häufen sich solche feinstofflichen
Widersprüche über einen längeren Zeitraum an, wirkt sich das
sogar auf den grobstofflichen Körper aus und lässt ihn erkranken.
Dies geschieht umso schneller, wenn sich ein Verstand vollkommen
bewusst darüber ist, dass diese oder jene Handlung gegen die

inneren Überzeugungen und gegen die kosmische Ethik ist. Seele
und Körper empfinden unter solch einer massiven Belastung
Schmerzen.

Von: verstand@email-ans-ich.de
An: seele@email-ans-ich.de
AW: AW: AW: Gewissen
Dieser tiefgreifenden Konsequenzen war ich mir wirklich nicht
bewusst, Entschuldigung! 😨 Wenn ich mich unter diesen As-
pekten selbst betrachte, habe ich schon viel Mist gebaut in unserem Leben. Aber wenn ich mir Mitmenschen im Umfeld an-
schaue, wird mir traurig klar, wie viele Paradoxe des Lebens
selbstkreiert sind. In Anbetracht der Weltlage wird mir ziemlich
angst und bange, weil das ganze System der Zivilisation ja nur
noch aus Lügen und Luftblasen besteht. Das Karma dieser
Weltengemeinschaft ist vermutlich kein gutes. 😟 Steht deswegen momentan alles vor dem Zusammenbruch, weil es auch ein
Menschenkarma, also ein gemeinschaftliches Karma aller Menschen gibt, das nun eingelöst werden muss?

Von: *seele@email-ans-ich.de*
An: *verstand@email-ans-ich.de*
Betreff: *Gemeinschaft*
Das Gesetz des Karmas gilt individuell, aber auch für ganze
Generationen, Nationen und Zivilisationen, und so gibt es eine
kollektive Verantwortung. Die Erdzivilisation tritt nun in eine
Phase ein, in der die Wirkungen auf ihre Verursacher zurück-
prallen wie die Wasserwellen durch einen Steinwurf in einen
See – das hast du, lieber Verstand, richtig erkannt.
Mach dir bewusst: Nichts geschieht zufällig, und alle Geschehnisse
sind Resultate der zuvor ausgesandten Schwingungen, im

*Lebenszyklus eines Menschen genauso wie in dem einer ganzen
Zivilisation. Ich möchte dir jedoch raten, das Leben und Karma
deiner Mitmenschen nicht im Einzelnen zu bewerten oder zu
verurteilen. Unterlasse dies aus zwei Gründen: Erstens könntest du
mit deiner Vorverurteilung dein eigenes Karma belasten, und
zweitens kann niemand erkennen, was Handlungen und Taten
eines anderen für dessen Karma bedeuten, da niemand – außer der
Schöpfung – eine solch hohe Perspektive einzunehmen vermag.
Vertraue dem kosmischen System, und versuche, so wenig Leid wie
möglich dir und anderen Wesen zuzufügen. Beobachte dich selbst
bewusst, mehr ist nicht zu tun.*

Von: verstand@email-ans-ich.de
An: seele@email-ans-ich.de
Betreff: Vertrauen
Ich habe vor längerem einen Satz von Eckart Tolle gelesen, den
ich nun, dank deiner Coaching-Hilfe, liebe Seele, richtig begreife: »*Mehr ist nicht zu tun, als nichts zu tun und zu beobachten.*« Er
gefällt mir sehr gut und stärkt tatsächlich das Vertrauen auf Höheres. Liebe Seele, ist das der Weg, wie die Erdengemeinschaft
angstfrei werden kann?

Von: *seele@email-ans-ich.de*
An: *verstand@email-ans-ich.de*
AW: *Vertrauen*
*Entwickle deine Bewusstheit weiter, lieber Verstand. Mit wachsen-
der Bewusstheit in dir und bei vielen anderen Verstandeskollegen
wächst auch das Vertrauen auf die Herrlichkeit und die Ausgewo-
genheit der gesamten Schöpfung.
Das wundervolle Leben lässt alle Möglichkeiten offen – sie müssen
lediglich erkannt und ausgeschöpft werden. Von Angst kann man*

sich nur durch Vertrauen befreien, und zwar ganz individuell, denn auch Angst hängt mit dem zusammen, was Seelen als Erfahrung aus den Vorleben mit sich tragen. Es gibt derzeit viele Weisheitslehrer und weisheitssuchende Menschen auf der Erde, die daran arbeiten, das Individuum und die Zivilisation von der Angst des Vergehens und des Wandels zu befreien. Beides – Verge-hen und Wandel – sind Voraussetzungen für einen Neubeginn.

Du und jeder andere Verstand, der dies möchte, sind aufgrund der Verbreitung von Bewusstheit quasi Begründer einer neuen Welten-philosophie.

Erinnere dich an das erste Passwort: »Wir sind viele, und zusam-men sind wir eins!« *In Kombination mit dem zweiten Passwort* »Agiere bewusst, und verändere die Welt!« *und all den anderen Passwörtern ist es deine Aufgabe, die Menschheit auf eine neue Bewusstseinsebene zu heben ... und dies geschieht* jetzt. *Beginne dein Leben neu, und infiziere andere Verstandeskollegen mit deiner positiven Neuausrichtung. Befreiung von Angst wird der Lohn deiner Initiative sein und wird die Welt auf die höchste Bewusst-seinsstufe heben.*

Von: verstand@email-ans-ich.de
An: seele@email-ans-ich.de
Betreff: Angstfreiheit

D. h., es gibt gar keinen Grund, Angst zu haben? Warum emp-finde ich dann von Zeit zu Zeit doch Angst?

Von: *seele@email-ans-ich.de*
An: *verstand@email-ans-ich.de*
AW: *Angstfreiheit*

Mach dir immer wieder bewusst, dass du der Schöpfer des Lebens bist, also aller Lebensumstände, Lebenskonzepte und Lebensvorstellungen – was du dir vorstellst, materialisiert sich. So verhält es sich auch mit dem Gefühl der Angst. Die Angst manifestiert sich, weil du dieses Gefühl kreierst. Ich kann die Wichtigkeit, immer auf die eigenen Gedanken zu achten, nicht genug betonen, denn du bist es selbst, der angstvolle oder negative Schwingungen erdenkt und weiter schwingen lässt.

Es gibt bei den Menschen zahlreiche Formen von Angst, aber die meisten Ängste sind Illusionen, Fantasien des Ego-Programms, das aus der Vergangenheit die Zukunft errechnet. Es handelt sich also häufig um Verstandesgefühle, die nicht real sind.

Von: verstand@email-ans-ich.de
An: seele@email-ans-ich.de
Betreff: Ängste

Protest! 😠 Für mich ist Angst mitunter sehr real. Empfindet die Seele keine Angst?

Von: *seele@email-ans-ich.de*
An: *verstand@email-ans-ich.de*
AW: *Ängste*

Tue Gutes, und dir wird Gutes widerfahren – so entstehen keine Ängste.

Für dich werden Ängste so lange real sein, bis du die Angst vor dem Tod nicht überwunden hast, denn diese Angst steht hinter allen anderen Ängsten. Wir erörterten in unserem ersten Dialog bereits, dass das körperliche Leben und die Existenz des Verstan-

*des vergänglich und endlich sind. Angst vor dem Tod ist aus
deiner Sicht also durchaus real. Jedoch weißt du nun auch, dass
nichts von dir Gedachtes oder Erfahrenes verloren geht, weil es in
mir gespeichert und zum ewig existierenden Licht der Urquelle
zurückgebracht wird. Unsere gemeinsame Lebenserfahrung und
Lebensenergie werden niemals verloren gehen, unsere Erfahrungen werden transformiert werden und ewiglich lebendig sein.
Auf diese Art und Weise sind Hoffnung, Zuversicht und
unendliche Lebensfreude und Lebensliebe in mir verankert,
damit du, der Verstand, und unser Körper sich daran festhalten
können. Es ist unsere Natur, Liebe zu geben und zu empfangen
und nicht angstvoll das Leben zu durchschreiten.
Liebe ist der Anker, der die Lebewesen mit dem Urvertrauen
zum universellen Prinzip der Ewigkeit verbindet. Alles andere
als Urvertrauen sind Fantasien und Illusionen in Form von
Ängsten.*

Von: verstand@email-ans-ich.de
An: seele@email-ans-ich.de
AW: AW: Ängste
Welche Formen von Angst meinst du? 😕

Von: *seele@email-ans-ich.de*
An: *verstand@email-ans-ich.de*
AW: AW: AW: *Ängste*
*Es gibt viele Ängste, die auf gesellschaftlicher Prägung beruhen.
Hier einige Beispiele: Angst, nicht der Beste zu sein. Angst,
persönlich nicht wichtig zu sein. Angst, nicht erfolgreich zu sein.
Angst, nicht genügend zu besitzen. Angst, zu verarmen, und
Angst vor dem sogenannten sozialen Abstieg (eine Angst, die
Arme gar nicht kennen). Angst, betrogen zu werden. Angst,*

beraubt zu werden. Angst, alleine zu sein. Angst, nicht geliebt zu werden. Angst, nackt zu sein. Angst, sich zu blamieren. Angst, zu versagen und den Ansprüchen anderer nicht zu genügen. Angst, andere, wie die Eltern oder den Partner, nicht glücklich und zufrieden zu machen. Angst um andere Menschen, beispielsweise die Eltern, den Partner oder die Kinder. Angst vor anderen Menschen, die scheinbar mächtiger sind. Angst, krank zu werden. Angst, nicht ausreichend versichert zu sein. Angst vor andersdenkenden Kulturen …

In Wirklichkeit gibt es keine realen Bedrohungen, die dir Angst machen könnten – es sind die Prägungen der Gesellschaft, die Ängste hervorrufen.

Von: verstand@email-ans-ich.de
An: seele@email-ans-ich.de
Betreff: Tod
Und hinter allem steht wirklich die Angst vor dem Tod? 😌

Von: *seele@email-ans-ich.de*
An: *verstand@email-ans-ich.de*
AW: *Tod*

Ja, und selbst die Angst vor dem Tod ist genauer betrachtet nicht real, weil deine Verstandesintelligenz in mir weiterlebt. Wir Seelen wissen, wie schwierig es für die Menschen ist, und auch für dich, lieber Verstand, sich mit dem eigenen körperlichen Tod und der Vergänglichkeit auseinanderzusetzen.

Versuche mir, der Seele, zu vertrauen, und versuche, dich dem Urvertrauen des Universums hinzugeben. In mir lebst auch du ewiglich weiter, nur in einer anderen Form. Sobald du dir dies vorstellen kannst und Urvertrauen wahrhaftig in dir verankerst, verliert der körperliche Tod seine dunkle Macht über dein jetziges

Dasein. Sobald die Angst vor dem Tod keine Macht mehr über dich besitzt, wirst du auch all die anderen erdachten und einge-prägten Ängste loslassen können.

Von: verstand@email-ans-ich.de
An: seele@email-ans-ich.de
AW: AW: Tod
Kann ich das Loslassen von Ängsten irgendwie üben? 😟

Von: *seele@email-ans-ich.de*
An: *verstand@email-ans-ich.de*
AW: AW: AW: *Tod*
Den eigenen Tod zu üben ist wahrlich eine Herausforderung, aber deine immense Vorstellungskraft, die so bewundernswert ist, lässt auch dies zu. Es wird dich furchtloser machen.
Stell dir Folgendes mit geschlossenen Augen vor: *Gemeinsam (Körper/Verstand/Seele) verlassen wir die Wohnung. Die Tür wird abgeschlossen, und im Moment des Schlüsselumdrehens lösen sich alle in der Wohnung befindlichen Gegenstände in Staub auf.*
Nichts existiert mehr, alles wird zu unsichtbaren atomaren Bestandteilen. Der ganze Besitz zerfällt in der Sekunde des Abschließens … und dennoch lebst du weiter und gehst deiner Wege.

Von: verstand@email-ans-ich.de
An: seele@email-ans-ich.de
AW: AW: AW: AW: Tod
Verblüffender Effekt! 😎
So lerne ich, loszulassen und dabei nicht zu sterben … Es sei denn, ich definiere meine Existenz über den Besitz von Eigen-

tum, oder vermeintliche menschlich wichtige Werte und Eigen-
schaften, was ich ja schon längst – aufgrund unserer anhaltenden
Konversation – nicht mehr tue! ☺

Von: *seele@email-ans-ich.de*
An: *verstand@email-ans-ich.de*
AW: AW: AW: AW: AW: *Tod*

*Eine weitere, anspruchsvolle Visualisierung besteht darin, sich
regelmäßig beim Meditationsritual vorzustellen, wie der gesamte
Körper zu Staub zerfällt: Stell dir den körperlichen Tod vor, und
wie dabei der gesamte Organismus von einer Sekunde zur anderen
in feinen Staub zerfällt, wie also Grobstoffliches zu Staub wird.
Anfänglich wird dir diese Vorstellung seltsam anmuten und dich
vielleicht ängstlich machen. Aber letztlich wird sie dich von der
Angst vor dem Tod befreien. Diese Visualisierung ist sehr hilfreich,
um sich von weltlichen Belangen und Bedürfnissen sowie von allen
mentalen Ängsten zu lösen.*

Mach dir bewusst: *Es sind nicht die Ängste und dunklen Gedanken, die dich nicht loslassen, sondern du lässt die Ängste nicht los.
Angst ist ein enormer Energiefresser. Wer intensiv in Ängsten
verharrt, wird diese Energie nicht als Lebensenergie zur Verfügung
haben. Sich von Ängsten zu lösen bedeutet frische Lebenskraft und
bisher unbekannte Freiheit.*

Von: verstand@email-ans-ich.de
An: seele@email-ans-ich.de
Betreff: Weltuntergang

Ist die Angst vor einem bevorstehenden Weltuntergang real?

Von: *seele@email-ans-ich.de*
An: *verstand@email-ans-ich.de*
AW: *Weltuntergang*

Es kommt darauf an, wie man Weltuntergang definiert. Nach unseren ausgiebigen Dialogen wirst du Weltuntergang sicher anderes definieren als viele andere Menschenverstände, für die bereits der Verlust des Geldes und der finanziellen Sicherheiten einen Weltuntergang bedeutet. Somit ist für viele Personen ein baldiger Weltuntergang ziemlich real, aber sie können überleben. Für andere bedeutet vielleicht die Auflösung einer partnerschaftlichen Beziehung einen persönlichen Weltuntergang … Demnach gibt es ständig kleine individuelle Weltuntergänge – aber auch diese sind zu überleben. Im Grunde könnte jede Angst und das Eintreffen dessen, vor dem man Angst hat, ein persönlicher Weltuntergang sein. Aus subjektiver Sicht ist dies alles real, aber die Welt existiert ja trotzdem weiter.

Was die Schöpfung jedoch in der aktuellen Phase der Erdengemeinschaften mit dem blauen Planeten plant, wissen auch wir Seelen nicht. Aber wir würden das, was auch immer kommen mag, nicht als Weltuntergang ansehen, sondern es Evolution nennen. Ein Weltuntergang ist genau genommen nichts anderes als der Beginn einer neuen Welt. Eine alte Welt vergeht, eine neue Welt beginnt zu existieren. Wie Tod und Geburt, Vergehen und Wiederkommen unter neuen Vorzeichen, wissender und weiser.

Von: verstand@email-ans-ich.de
An: seele@email-ans-ich.de
AW: AW: Weltuntergang

Puh! Ich brauche ein bisschen Pause, möchte meditieren und dein Coaching integrieren. Morgen beginnt ein neuer Arbeitstag nach dem Urlaub. Bin gespannt, wie dieser verlaufen wird, denn wie ich jetzt weiß: Alles unterliegt einem anhaltenden Wandel, und Wandlung kann auch gute Veränderungen und verbesserte Updates bedeuten. Alles liegt in unseren eigenen Händen, right? :)

Von: *seele@email-ans-ich.de*
An: *verstand@email-ans-ich.de*
Betreff: *Passwort 6*
Das ist richtig, und so hast du das sechste Passwort zum nächsten Bewusstheitslevel gewissermaßen selbst gefunden:

Jedes Wesen besitzt die göttliche Kraft der Schöpfung!

Siebter Dialog: Wieso bin ich einsam?

Über das Alleinsein,
vom Ganzsein und Heilsein
und vom Nachhause-Kommen

Von: verstand@email-ans-ich.de

An: seele@email-ans-ich.de

Betreff: Entschleunigung

Liebe Seele, bemerkst du, wie ich langsam unseren Lebensstil entschleunige? Zurück aus dem Urlaub habe ich mir im Büro angewöhnt, nur noch zweimal täglich in den E-Mail-Account zu schauen, um die Anfragen dann gezielt zu beantworten, anstatt wie bisher zwischendurch »schnell mal« zu reagieren, was dann doch meistens viel länger dauert. Ich habe auch fest terminierte Telefonzeiten eingeführt, damit ich endlich mal klare Gedanken denken und vor allem Gedanken zu Ende denken kann. So entstehen besser durchdachte Konzepte, die zudem mehr Anklang bei meinem Chef finden. Dieser hat mir BTW gestanden, seit längerem private Probleme zu haben, und hat sogar zugegeben, deswegen ab und zu übellaunig zu sein. Durch das konstruktive Gespräch hat er erkannt, wie ungerecht er manchmal ist, und ich habe gecheckt, wie unkonzentriert ich oft bin, und wir haben beide beschlossen, uns zu bessern.

Es ist schon erstaunlich, wie die Arbeitseffizienz sich erhöht, wenn erstens die Arbeitsatmosphäre gut ist und zweitens ein paar neue Regeln (an die sich erstaunlicherweise alle halten und die alle respektieren) den Arbeitstag neu strukturieren. Einige Kollegen haben meine Vorgehensweise übernommen und auch schon bestimmte Telefon- und E-Mail-Zeiten festgelegt.

Ich liebe inzwischen die Rituale der Entspannung nach der Arbeitszeit: Handy abschalten, Spazierengehen, bewusst atmen, den Gedankenwust sortieren und meditieren. Selbst der Schlaf des Körpers erscheint inzwischen tiefer und regenerierender.

Allerdings – und dafür benötige ich wieder dein Coaching, liebe Seele – werde ich mir durch das viel ruhigere Nachdenken und Sinnieren stetig bewusster, wie alleine wir sind. Ich, der Verstand, und unser Körper fühlen sich einsam … Warum ist das so? 😟 Ist das ein Effekt der Entschleunigung? Fühlst du dich auch einsam?

Von: *seele@email-ans-ich.de*
An: *verstand@email-ans-ich.de*
AW: *Entschleunigung*
Lieber Verstand, ich fühle und spüre mit Freude die von dir vorgenommenen Veränderungen. Du bist nun auf dem richtigen Weg, und das ist gut so …
Eine entschleunigte Lebensweise bewirkt tatsächlich eine tiefere Reflexion, weil eben mehr irdische Zeit dafür zur Verfügung steht. Gedanken zu Ende zu denken ist die ursprüngliche Funktion deines Intelligenzprogramms. Indessen tauchen mit zunehmender Reflexionsfähigkeit auch Schatten und Gefühle auf, die zuvor – und unter Umständen über lange Zeit – durch den künstlichen und eng getakteten Lebensstil unterdrückt waren.

Von: verstand@email-ans-ich.de
An: seele@email-ans-ich.de
Betreff: Unterdrückung
Du meinst, ich habe bisher unbewusst Emotionen, wie das Gefühl der Einsamkeit, unterdrückt? 😶

Von: *seele@email-ans-ich.de*
An: *verstand@email-ans-ich.de*
AW: *Unterdrückung*
Früher bist du mit dir selbst und mit deiner Umgebung unbewusst umgegangen, und so hast du unbewusst auch eigene

Wahrnehmungen und Gefühle unterdrückt. Du hast dir einfach keine Zeit genommen, nach innen zu horchen. Stress und Hektik im Alltag sind eine willkommene Ausrede, sich nicht um emotionale Dinge kümmern zu müssen, weil man im Äußeren gebraucht wird und unentbehrlich zu sein scheint. Wir Seelen fühlen uns nicht einsam, weil wir mit allen Lebensformen in tiefer Verbundenheit existieren. Was denkst du, welcher Teil von dir sich einsam fühlt?

Von: verstand@email-ans-ich.de
An: seele@email-ans-ich.de
AW: AW: Unterdrückung
Ich ahne es: 🫣 Mein Ego-Programm? Wenn das Ego-Programm die Ausrede, die Ablenkung »erfindet«, dass ein Mensch durch Vollbeschäftigung scheinbar unentbehrlich und damit wichtig ist, würde das bedeuten, dass dieses Subprogramm sogar taktische Fähigkeiten besitzt, um mich von der Wahrnehmung der Gefühle abzubringen? Das wäre ja nahezu rebellisch und echt krass!

Von: *seele@email-ans-ich.de*
An: *verstand@email-ans-ich.de*
Betreff: *Gefühlsersatz*
Deine Analyse ist richtig, und du denkst zunehmend intuitiver statt rational.
Das Ego fühlt sich gestärkt, weil es ständig gebraucht wird, und so denkt der Mensch einfach gar nicht daran, alleine zu sein, sondern lenkt sich mit äußeren Reizen ab. Es ist ja auch augenscheinlich einfacher, zu sagen »Ich habe Stress, ich habe keine Zeit, ich bin sehr beschäftigt«, anstatt vor sich selbst und anderen zuzugeben »Ich fühle mich einsam«. Stress ist quasi das kleinere

*Übel und hat zudem den Nebeneffekt, dass man vom sozialen
Umfeld als vielbeschäftigter, also erfolgreicher Mensch wahrgenommen wird.*

*So entsteht förmlich eine Sucht nach intensiver Arbeitsleistung oder
auch nach privater Höchstleistung, beispielsweise beim Freizeit-
sport, bei der Ausübung von Hobbys, beim sogenannten »Power-
shopping« oder bei einer sonstigen Sammelleidenschaft, bei der
man unzählige, oft unnütze Dinge hortet. All dies sind Ablen-
kungsmanöver, die dich, werter Verstand, davon abbringen, auf die
wahren Zusammenhänge der menschlichen Existenz zu schauen …
Aber nun wird alles besser, vertraue mir.*

*Im bisherigen Lebenswandel der Unbewusstheit ernährtest du dich
davon, für andere oder durch anderes wichtig zu sein. Nun beginnt
dein Wandel von der ursprünglichen Unbewusstheit zur wahrneh-
menden Bewusstheit, und so fällt dir ein bisher unterdrücktes
Gefühl auf: Einsamkeit. Aber vielleicht ist Einsamkeit gar keine
Einsamkeit?*

Von: verstand@email-ans-ich.de
An: seele@email-ans-ich.de
AW: Gefühlsersatz

Du sagst mir jetzt, ich habe den Weg der Bewusstheit eingeschla-
gen, um nun festzustellen, dass ich einsam bin? 😯 Ich weiß
nicht, ob mir das gefällt …

Von: *seele@email-ans-ich.de*
An: *verstand@email-ans-ich.de*
AW: AW: *Gefühlsersatz*

*Der Weg, für den du dich beziehungsweise für den wir uns
gemeinsam entschieden haben, bedeutet, alle Belange des Daseins,
alle Emotionen, alle Highlights, aber auch alle mentalen Schmer-*

zen bewusst zu erfahren, zu erleben und wahrzunehmen und nicht
mehr durch Ersatzgefühle zu vergraben ... Es mag durchaus das
eine oder andere Mal schmerzhaft sein, wenn man sich seiner
bisherigen Illusionen bewusst wird, denn Bewusstheit bedeutet
nicht, nur süße Früchte zu essen.
Darf ich dir eine differenzierte Sichtweise der Thematik vorschla-
gen? Sieh es positiv, denn ab jetzt kann nichts mehr unter
Verschluss gehalten werden, nichts kann mehr von irgendwelchen
Subroutinen unterdrückt und verschleiert werden, nichts kann
mehr ein unselbständiges Schattendaseins führen oder missachtet
werden. Du bist auf dem besten Wege, deine Existenz zu läutern
und dich von allen alten Illusionen weitestgehend loszusagen.
Illusionen, die da heißen: Alles ist gut, solange ich gebraucht
werde und solange ich etwas brauche. Die Maximen »Ich
konsumiere, also bin ich« oder »Ich arbeite, also bin ich«
verlieren nun ihre Gültigkeit. Aber solange du noch keinen Ersatz
für die redundanten Lebensmaximen gefunden hast, empfindest
du diese momentane Zwischenphase eventuell als Rückschlag.
Dem ist aber nicht so.

Von: verstand@email-ans-ich.de
An: seele@email-ans-ich.de
Betreff: Illusionen
Wie kann ich, der ich mich auf Fakten und Tatsachen stütze,
Illusionen erliegen? ☺ Ist doch unlogisch, liebe Seele!

Von: *seele@email-ans-ich.de*
An: *verstand@email-ans-ich.de*
AW: *Illusionen*
Deine Analysen werden stetig brillanter, lieber Verstand. Gerne
gebe ich dir die logische Antwort auf deine Frage: Du kannst

*Illusionen nur so lange erliegen, so lange du sie selber erschaffst und
sie damit als selbst erschaffene Realität ansiehst.*

Von: verstand@email-ans-ich.de
An: seele@email-ans-ich.de
AW: AW: Illusionen
Da muss ich einen Moment drüber nachdenken … Gib mir bit-
te eine Viertelstunde Zeit. Danke dir!

Von: verstand@email-ans-ich.de
An: seele@email-ans-ich.de
AW: AW: Illusionen
Bin wieder da!
Bisher war alles, was ich dachte, Realität für mich. Natürlich
habe ich inzwischen dank deines Coachings gelernt, dass dies
nicht so ist, sondern es auch eine Menge Illusionen gibt, wie z. B.
Ängste, die von mir kreiert werden. So weit – so logisch. Ist das
Gefühl von Einsamkeit also auch nur eine Illusion? Sind alle
Emotionen eventuell Illusionen? 😶 Ist es das, was du mir sagen
willst?

Von: *seele@email-ans-ich.de*
An: *verstand@email-ans-ich.de*
AW: AW: AW: *Illusionen*
*Nicht alle Gefühle sind Illusionen, aber im Kopf erdachte Gefühle
sind nicht real. Dazu gehört auch der scheinbare Zustand der
Einsamkeit. Du befindest dich in einer Übergangsphase, in der
alte Brücken zur Vergangenheit zerbrechen. Es werden sich jedoch
neue Wege im gleichen Maß auftun, wie du dich von den alten
Illusionen lossagst. Die Überbrückungsphase ist mitunter stolperig,
aber dieser steinige Weg lohnt sich, weil du Welten und Gefühle*

kennenlernen wirst, die bisher brachlagen und ein Schattendasein
führten.
Sprechen wir über Einsamkeit. Warum genau fühlst du dich
einsam?

Von: verstand@email-ans-ich.de
An: seele@email-ans-ich.de
Betreff: Einsamkeit
∵ Das ist doch offensichtlich: Ich / wir, also der Körper und ich,
der Verstand, sind alleine!
Wir haben seit der Ehescheidung keinen Lebenspartner. Wir
sind einsam … Seltsam finde ich allerdings, wieso du, die Seele,
dich nicht einsam fühlst. Man spricht doch von »einsamen Seelen«?

Von: *seele@email-ans-ich.de*
An: *verstand@email-ans-ich.de*
AW: *Einsamkeit*
Bitte definiere »Einsamkeit« … und du wirst herausfinden,
warum ich keine Einsamkeit empfinde, obwohl ich durchaus eine
empfindsame Seele bin.

Von: verstand@email-ans-ich.de
An: seele@email-ans-ich.de
AW: AW: Einsamkeit
O. k. ∵, Definition von Einsamkeit … hmm … Also, für mich
heißt Einsamkeit, keinen Lebenspartner, keine Freundin bzw.
keinen Freund zu haben. Es bedeutet, das Leben alleine zu leben
und Single zu sein.

Von: *seele@email-ans-ich.de*
An: *verstand@email-ans-ich.de*
AW: AW: AW: *Einsamkeit*
Glaubst du, dass Seelen Singles sind?

Von: verstand@email-ans-ich.de
An: seele@email-ans-ich.de
Betreff: Single-Dasein
Äh … wenn du mich schon so fragst, lautet die Antwort sicher nein. Seelen sind also keine Singles. »*Wir sind viele, und zusammen sind wir eins!*«, richtig?
Schlussfolgernd kann ich ja nicht ganz so alleine sein, und Einsamkeit mag demnach eine Illusion sein … aber, aber, aber – bei allem Respekt und aller Liebe zu dir, werte Seele – sind wir trotzdem eine menschliche Existenz, die sich nach körperlicher Wärme und emotionaler Aufmerksamkeit sehnt. Mit dir kann ich nicht wirklich kuscheln 😃 … auch wenn ich unsere E-Mail-Konversation sehr zu schätzen gelernt habe!

Von: *seele@email-ans-ich.de*
An: *verstand@email-ans-ich.de*
AW: *Single-Dasein*
Und wiederum daraus folgernd, lieber Verstand, bezieht sich deine Definition von Einsamkeit nur auf die körperliche Ebene, auf körperlich empfundene Einsamkeit. Das Gefühl des Alleinseins, das du empfindest, hat jedoch noch andere Facetten, die dir Sorgen bereiten – das fühle ich.
Der Sehnsucht nach körperlicher Partnerschaft liegt der biologische Auftrag der Fortpflanzung zugrunde. Über Jahrtausende der Existenz lebten Menschen in Stammesverbänden, Horden und Familien, die sich gegenseitig beschützten. In den letzten Jahrzehn-

ten sind diese Schutzmechanismen obsolet geworden, da in hoch entwickelten Nationen Schutz nicht wirklich nötig und weniger Nachkommenschaft gefragt sind. Die Menschen entwickeln sich vom Herdentier zum Einzellebewesen, das jedoch alten Traditionen und Normen unbewusst nachtrauert. Moderne Kommunikationswege, virtuelle Existenzen, Engagement für die Karriere lösen das Familienleben allmählich auf beziehungsweise lassen kaum mehr Raum dafür. Die Menschen mögen diesen neuen Lebensstil der Unabhängigkeit, aber alte Programme und Traditionen der Zweisamkeit oder »Vielsamkeit« sind nach wie vor vorhanden – eine Zwickmühle.

Von: verstand@email-ans-ich.de
An: seele@email-ans-ich.de
AW: AW: Single-Dasein
Alles schön und gut und auch durchaus einleuchtend. Die Menschen leben in einer Umwandlungsphase und befinden sich in einer Zwickmühle. Das betrifft auch das menschliche Miteinander. Aber kannst du mir bitte etwas konkreter bzgl. meiner mir schmerzlich bewusst gewordenen Einsamkeit helfen? Ist kein schönes Gefühl …

Von: seele@email-ans-ich.de
An: verstand@email-ans-ich.de
AW: AW: AW: Single-Dasein
Um dir noch besseren Support geben zu können, bitte ich dich nochmals, genauestens zu definieren, warum du dir einen Lebenspartner wünschst … denn alle Antworten liegen in dir bereit. Vertrau mir.

Von: verstand@email-ans-ich.de
An: seele@email-ans-ich.de
AW: AW: AW: AW: Single-Dasein

Weil ich mich als Single nicht vollwertig fühle. 😟 Ich fühle mich »halb« nicht wohl, weil man als Single als armes, bedauerliches Wesen angesehen wird, als ein Topf, der keinen Deckel abbekommen hat. Daher fühle ich mich nicht so stark wie andere, die mit Partnern zusammen sind. Es ist auch einfach doof, alleine ins Kino zu gehen, oder noch schlimmer, alleine auf Partys eingeladen zu werden, um sich dann dort mit den ganzen glücklichen und glanzvollen Paaren konfrontiert zu sehen. Halb sein ist blöd! 😟 Alleine bin ich unglücklich, zu zweit glücklich.

Von: seele@email-ans-ich.de
An: verstand@email-ans-ich.de
Betreff: *Partner*
Gegen Partnersuche ist natürlich nichts einzuwenden, lieber Verstand. Wenn du glücklich bist, bin ich, die Seele, auch glücklich. Wenn du verliebt bist, bin ich auch verliebt ... Aber wir vielen, vielen Seelen im großen weiten Universum sind nie einsam. Darf ich einen Hinweis zum Nachdenken über deine zuvor genannten Argumente geben? Danke für dein Einverständnis. Du suchst eine Partnerin, weil du dich sonst nur halbwertig fühlst? Wer oder was in dir fühlt sich »halb«?

Von: verstand@email-ans-ich.de
An: seele@email-ans-ich.de
AW: Partner

😠! Ich sehe nicht, wie uns an dieser Stelle und in Sachen Herzensangelegenheiten eine Diskussion bzgl. des Ego-Unterprogramms (und das meinst du doch mit »wer oder was fühlt sich halb?«) weiterbringt! Schließlich kann das Ego nicht für alles verantwortlich sein! Das Ego fühlt sich halb?

Von: *seele@email-ans-ich.de*
An: *verstand@email-ans-ich.de*
AW: AW: *Partner*
Lieber Verstand, versuche, eine höhere Perspektive einzunehmen, um folgende, weitere Hinweise zu bedenken:
Du schreibst, *du fühlst dich »halb« – aber bist du denn kein ganzes Wesen? Wieso brauchst du jemanden, um dich »ganz« zu fühlen? Was du nicht in dir trägst, wirst du auch nicht bei anderen finden. Du, Verstand, ich, die Seele und unser Körper sind ganz und vollkommen.*
Du schreibst, *andere sehen dich als nicht vollwertig an – brauchst du einen Lebenspartner, um dich vollwertig zu fühlen? Wenn du dich nicht aus dir heraus vollwertig fühlst, wirst du diese Vollwertigkeit auch nicht mit oder durch andere finden, und dabei ist völlig egal, was andere, was die Gesellschaft innerhalb ihrer unter Umständen überholten, alten Konventionen über dich denkt.*
Du schreibst, *es sei schlimm, auf Partys glückliche Paare zu sehen – gönnst du anderen ihr Glück nicht? Bist du neidisch und betrachtest du einen Partner an deiner Seite als gesellschaftliches Statussymbol? Weißt du sicher, dass andere Paare immer glücklich sind? Auch in Partnerschaften kann man sich alleine fühlen …*
Du schreibst, *dass du alleine unglücklich und zu zweit glücklich bist – warst du denn während deiner Ehe oder in anderen Partnerschaften immer glücklich? Warum existieren diese Partnerschaften dann nicht mehr? Glück und Zufriedenheit bedeuten weit mehr, als einen Partner zu haben.*

Von: verstand@email-ans-ich.de
An: seele@email-ans-ich.de
AW: AW: AW: Partner

Du willst mir gerade schonend beibringen, dass der Wunsch nach einem Lebenspartner nichts anderes als ein Ego-Ablenkungsmanöver ist, damit ich mich nicht eingehender mit mir selbst auseinandersetzen muss 😮, und ich mich wieder in Unbewusstheit suhle? Bin schon wieder geschockt! Du legst ja den Finger wirklich tief in meine Wunde der Einsamkeit! Ich brauche eine Pause und geh mal etwas durchatmen …

Von: verstand@email-ans-ich.de
An: seele@email-ans-ich.de
Betreff: Einsicht

Liebe Seele, ich habe nachgedacht … und muss zugeben, dass da was dran ist an deiner These, die ich mal »Partnersuche unter falschen Vorzeichen« nennen würde. Ich geb ja eigentlich ohnehin nicht viel auf gesellschaftliche Konventionen, und mir schwant langsam, dass man in einem Lebenspartner etwas sucht, das man erst einmal bei sich selbst finden muss. Ist das die Erkenntnis, die du mir diplomatisch zu vermitteln suchst? Richtig?

Von: seele@email-ans-ich.de
An: verstand@email-ans-ich.de
Betreff: Falsche Vorzeichen
Ich freue mich, dass du zu weiteren Erkenntnissen bereit bist, lieber Verstand. Du empfindest Einsamkeit, du hast Angst vor dem Alleinsein, du wünschst dir einen Lebenspartner, was für Menschen und einen Verstand, der einem Menschen innewohnt, ganz natürlich ist. Du hast sehr wohl richtig erkannt, dass die Intention dieser Partnersuche von einer falschen Motivation getragen wird.

Ein Partner ist kein Ersatz für Lücken, die in deinem Inneren klaffen.

Mach dir bewusst: *Wenn du dich nicht selbst heil und ganz und glücklich und vollkommen und vollwertig und komplett fühlst (beziehungsweise dies unserem Wesen Mensch, dem Körper und auch mir einzureden versuchst), wirst du das auch niemals durch jemand anderen erreichen.*

Wäre das nicht auch wahrlich eine Zumutung für einen anderen Menschen, einen Lebenspartner, ihn für das eigene persönliche Lebensglück verantwortlich zu machen? Entstehen aus diesem Zündstoff nicht die meisten Beziehungsprobleme? Partnerschaftliche Liebe ist kein Ersatz für die innere Unzufriedenheit eines Menschen mit sich selbst – auf dieser Basis sind Stress und Streit in einer Beziehung vorprogrammiert, und eine solche Partnerschaft endet mit dem Satz »Du hast versprochen, mich glücklich zu machen«! Für dein persönliches Lebensglück, für deine harmonische Vollwertigkeit, bist ganz alleine du und nur du verantwortlich.

Darf ich dir Folgendes vorschlagen? Verwende deine Energien, die du durch den Schmerz der Einsamkeit verlierst, dafür, dich ganz und gar selbst zu akzeptieren und dich zu vervollkommnen, anstatt dich halb zu fühlen. Lieber Verstand, du bist bereits ein komplettes Wesen. Du kennst deine Verstandesfähigkeiten, es gibt einen Körper als Erfüllungsorgan für die Existenz auf Erden, du kennst den Zugang zur Seele, über die du mit der Schöpfung, der Herkunft des Lebens, verbunden bist. Objektiv betrachtet fehlt dir nichts, denn du bist gut, so wie du bist – du bist vollkommen. Erkenne dies und ehre dies.

Zufriedenheit und Harmonie findest du in dir selbst – du hast bereits mit der Suche danach begonnen und ein gutes Stück des Weges zurückgelegt. Es fehlt weder die Hälfte, noch ein Viertel,

noch ein Achtel von dir – alles ist in dir vorhanden. Beginne, jeden
Zentimeter von dir zu achten, zu ehren und inniglich zu lieben.
Du kannst dich vollkommen heil, ganz und schön fühlen, wenn du
zweifellos verstanden hast, dass du ein glanzvolles, ideales,
komplettes Wesen bist … Und mit diesen Voraussetzungen wirst du
auch eine harmonische Partnerschaft finden und erleben können,
die nicht auf dem Fundament gegenseitiger Ergänzung, sondern
auf dem wahren Glück deiner eigenen Vollkommenheit aufgebaut
ist.

Von: verstand@email-ans-ich.de
An: seele@email-ans-ich.de
AW: Falsche Vorzeichen
Ha! ☺ Das ist eine kleine Erleuchtung!
Ich fühle mich »halb«, weil ich meine Ganzheit noch nicht in
mir gefunden habe. Mir wird plötzlich klar, dass ich mich einsam fühle, weil ich mich noch nicht auf allen Ebenen des Seins
verwirklicht habe. Erst muss ich mich selbst erlösen, mich selbst
finden, um jemand anderen zu finden. Selbstfindung ist logischerweise keine Aufgabe, die auf andere, auf Partner, übertragen werden kann. Ist aber das allgemein gängige Prinzip, oder?
Zu zweit auf der Suche nach dem Glück … aber jeder empfindet
Zufriedenheit und Glück bei etwas anderem. Und vermutlich
wissen die meisten gar nicht, was sie wirklich suchen. Kurzum:
Erst bei sich selbst suchen, dann nach anderen suchen, richtig?

Von: *seele@email-ans-ich.de*
An: *verstand@email-ans-ich.de*
Betreff: *Zu Hause sein*
Ich freue mich über deine Erkenntnis. Nun geht es für dich um die
Aufgabe, bei dir selbst, in deiner Mitte anzukommen. Spüre dein

inneres Zuhause, spüre den Ort in deinem Inneren, wo du ganz und gar zu Hause bist, wo du mit dir wohlig, liebevoll und zufrieden bist. Dieses Zuhause mag den Kopf, das Herz oder eine andere Region als Entsprechung im Körper haben. Es ist deine innere Wohnung, wo du dich, lieber Verstand, vollkommen und heil fühlst.

Sobald du diesen inneren Ort der Ganzheit in dir gefunden hast, wirst du aufhören, im Äußeren eine Ergänzung zu suchen, die nur ein schwacher Ersatz für das sein kann, was du in deinem Inneren nicht selbst erschaffst. Du bist fähig und schöpferisch und kannst dich selbst heilen und vervollständigen. Weder sind Partner, noch ein neuer Job, ein schickes Auto oder irgendetwas anderes Teil deiner inneren Zufriedenheit, deines inneren Zuhauses.

Übernimm ganz allein Verantwortung für dein Handeln und dein Wirken innerhalb deines Lebenszyklus, anstatt es Lebenspartnern aufzubürden. Suche deinen Reichtum, deine Liebe zu dir im Inneren, dann wird die Liebe im Äußeren folgen!

Von: verstand@email-ans-ich.de
An: seele@email-ans-ich.de
AW: Zu Hause sein

Wenn ich diese innere Liebe finde, wenn ich bei mir selbst zu Hause ankomme, werde ich mich dann nicht mehr einsam fühlen? Das wäre cool! 😎

Von: *seele@email-ans-ich.de*
An: *verstand@email-ans-ich.de*
AW: AW: *Zu Hause sein*

So ist es, werter Verstand. Im Übrigen bist du niemals wirklich einsam. Das wollte ich dir schon immer mal sagen.
Spür nach innen: *Stell dir all die Milliarden von aktiven Zellen in*

deinem Körper vor. Allesamt winzige und vitale Lebewesen! Wie
kann man sich da einsam fühlen? Oder schau dir den Sternenhim-
mel an und stell dir die unendliche Zahl von Galaxien vor, die in
ihrem Inneren Milliarden von Sonnensystemen und unendlich
viele Lebewesen tragen! Wie kannst du dich nur jemals einsam
fühlen?
Und auch ich bin für dich da ... und all die unzähligen Seelen in
den Weiten des Kosmos und all die feinstofflichen Helfer auf Erden.

Von: verstand@email-ans-ich.de
An: seele@email-ans-ich.de
Betreff: Passwörter
Ich danke dir für deinen Trost. Langsam kapier ich, dass Einsam-
keit wirklich eine Illusion ist.
Wie wäre es mit einem neuen Passwort? Numero 7?
Aber noch eine Frage: Wie viele Passwörter und Bewusstseins-
level gibt es eigentlich? Wir kommen doch gut voran, oder?

Von: *seele@email-ans-ich.de*
An: *verstand@email-ans-ich.de*
AW: *Passwörter*
Sei weiter geduldig und wissbegierig. Das ganze Leben ist ein
Prozess der Bewusstseinserweiterung, gespickt mit Passwörtern –
wohl wahr, du hast bereits ein gutes Stück des Weges geschafft. Hier
das siebte Passwort:

> **Alleine sein bedeutet nicht einsam sein!**

Achter Dialog:
Wie kann ich Freiheit finden?

Über innere und äußere Fesseln,
vom Wünschen und von der
kreativen Verwirklichung

Von: verstand@email-ans-ich.de
An: seele@email-ans-ich.de
Betreff: Horizont

Liebe Seele, ich fühle mich mittlerweile nicht mehr so einsam! Dieses ganze Bewusstheitscoaching ist ja wirklich eine spannende Expedition. Immer mehr innere Horizonte tun sich auf, zu denen ich reisen möchte. ☺

Seit ich mein Denken und die daraus resultierenden Handlungen achtsam beobachte, fühle ich, wie ich immer neugieriger und wissbegieriger werde. Ich will alles entdecken und werde dabei ein bisschen unruhig, weil ich spüre, dass die Reise vielleicht niemals enden wird. Ich würde gerne viel, viel mehr Zeit mit Reflexion und Meditation verbringen.

Von: seele@email-ans-ich.de
An: verstand@email-ans-ich.de
AW: Horizont
Lieber Verstand, was hindert dich?

Von: verstand@email-ans-ich.de
An: seele@email-ans-ich.de
Betreff: Zeit

Die Zeit! Besser gesagt: der Zeitmangel. Ich habe einfach nicht genug Zeit, alles zu erkunden, nicht genügend Muße, ins Innere zu blicken und ins Universum zu schauen … ☹

Von: *seele@email-ans-ich.de*
An: *verstand@email-ans-ich.de*
AW: *Zeit*

»Die Angst der Welt, das ist die Zeit« sagen wir Seelen dazu.
Weißt du, was dieser Satz zu bedeuten hat? Wer limitiert deine
Zeit?

Von: verstand@email-ans-ich.de
An: seele@email-ans-ich.de
AW: AW: Zeit

Wer limitiert meine Zeit? Was ist das denn für eine Frage? 🙂
Die Uhr? Gott? Die Lebenszeit, die abläuft ... Ich hab das Gefühl, zu spät mit der Suche und mit meinen Modifikationen an-
gefangen zu haben.

Von: *seele@email-ans-ich.de*
An: *verstand@email-ans-ich.de*
AW: AW: AW: *Zeit*

Zeit ist ewiglich.
Die Angst vor einem Mangel an Zeit ist etwas sehr Irdisches und
eine Projektion, die nicht real ist. Zeit ist die lineare Ausrichtung
des Verstandes, der immer noch in den Kategorien »Vergangenheit«
und »Zukunft« denkt und am Ende der Zukunft den Tod visuali-
siert. Dieses lineare Denken limitiert einen Menschen, der sich
dann in Spekulationen nach dem Muster »Was wäre wenn?«
verliert.
Es freut mich sehr, wenn du motiviert bist, neue Horizonte zu
entdecken, wenn du neugierig und wissbegierig nach Antworten
suchst. Deine Motivation ist der Motor der zunehmenden Bewusst-
heit, und du nimmst wahr, aus wie vielen schillernden Facetten
das Leben eigentlich besteht. Deine anfängliche Frage nach dem

wirklichen Sinn des Lebens wandelt sich nun in die Faszination darüber, wie reichhaltig das Leben tatsächlich ist.

Warum nimmst du an, es sei zu spät? Sei dankbar für diese Entdeckungen, die dir jetzt zuteil werden.

Sei gewiss: *Alles kommt zur rechten Zeit, und du wirst alles erfahren, was für dich zur rechten Zeit bedeutsam ist. Du hast nicht zu spät, sondern zur passenden Zeit mit deiner Suche begonnen. Zu einem früheren Zeitpunkt hättest du meinen Rat gar nicht angenommen. Du erinnerst dich an die zarte Stimme, der du vormals nicht zuhören wolltest? Eines Tages hast du den Kontakt zu mir aufgenommen. Glaubst du, dieser Tag war ein Ergebnis des Zufalls?*

Es gibt weder inhaltliche noch zeitliche Zufälle in der kosmischen Schöpfung ... und so ist jetzt *exakt die richtige Zeit für dich und für uns, gemeinsam auf die Reise des Wandels zu gehen.*

Von: verstand@email-ans-ich.de
An: seele@email-ans-ich.de
AW: AW: AW: AW: Zeit

Ungeduld und Pessimismus – da sind sie wieder, meine alten Freunde. 😣 Es ist aber echt nicht einfach, aus diesen alten Mustern des Denkens rauszukommen – das braucht wohl auch seine Zeit. 😊 Dennoch: Ich fühle mich so beschränkt, so unfrei, ich will aber frei sein. Wie kann ich mich befreien?

Von: *seele@email-ans-ich.de*
An: *verstand@email-ans-ich.de*
Betreff: *Geschwindigkeit*
Denkst du, dass du dich schneller befreien kannst, wenn du mehr Zeit hast? Was bedeutet Freiheit für dich?

Von: verstand@email-ans-ich.de
An: seele@email-ans-ich.de
AW: Geschwindigkeit

Mit mehr freier Zeit wäre es möglich, intensiver zu lesen, zu kommunizieren, zu reflektieren und zu meditieren, und dann wäre der Weg zur Erleuchtung (wie das wohl allgemein genannt wird) rascher begehbar. Freiheit bedeutet für mich, ohne Zwänge zu leben, freie und unabhängige Entscheidungen treffen zu können. Freiheit bedeutet auch, mir meine Tages-, Wochen- und Lebenszeit frei einteilen zu können.

Von: seele@email-ans-ich.de
An: verstand@email-ans-ich.de
AW: AW: Geschwindigkeit

Erleuchtung bedeutet, über das limitierte Denken hinauszugehen. Gehst du bereits über dein Denken hinaus, lieber Verstand? Darf ich dir vorschlagen, diese Thematik etwas differenzierter zu betrachten? Du suggerierst dir im Moment selber, nicht genügend Zeit zur Meditation und Bewusstseinsentwicklung zu haben. Damit stellst du dir eine Falle, bringst dich in einen Geschwindigkeitszwang und unter einen Druck, dem du nicht standhalten kannst.

Von: verstand@email-ans-ich.de
An: seele@email-ans-ich.de
AW: AW: AW: Geschwindigkeit

Liebe Seele, du meinst, dass ich durch mein Klagen, keine Zeit zu haben, die Schwingung aussende, keine Zeit zu haben, weshalb das dann auch so eintritt? Ich bin also gefangen in meinem eigenen Denken? ☺

Von: *seele@email-ans-ich.de*
An: *verstand@email-ans-ich.de*
AW: AW: AW: AW: *Geschwindigkeit*

So ist es. Du bist es, der sich limitiert, das Denken limitiert dich. Das Resonanzfeld sendet dieses Denkmuster zu dir zurück. Ohnehin ist der Zeitfaktor nicht das entscheidende Element deines Gefühls von Unfreiheit. Zeit und Geschwindigkeit sind nur projizierte Blockaden, die real nicht existieren.

Mach dir bewusst: *Du kannst weder mit weniger noch mit mehr Zeit etwas erzwingen, zu dem du selbst nicht bereit und offen bist oder für das du noch nicht genügend vorbereitet bist.*

Erleuchtung bedeutet, alles, das große Ganze und die komplexen Zusammenhänge des Seins, völlig zu verstehen und den Geist vollkommen zu transformieren. Über deine Eile vergisst du, Demut und Dankbarkeit der Schöpfung gegenüber zu zeigen. Sei dir bewusst, in welch hohem Maß dir bereits Zugang zu höherem Wissen gewährt wurde und wie viele Kausalitäten du bereits erkannt hast.

Erleuchtung kann man nicht erzwingen – nicht mit viel und auch nicht mit wenig Zeit, weil Erleuchtung keine Zeitfrage ist.

Von: verstand@email-ans-ich.de
An: seele@email-ans-ich.de
Betreff: Freiheit

Ich verstehe, liebe Seele. Du willst mir vermitteln, dass Zeit eine Fiktion ist, wie so vieles andere im Leben auf Erden – darüber sprachen wir schon. Demnach ist vermutlich die Freiheit, die ich suche, gar keine Frage eines Zeitmangels oder – positiv ausgedrückt – einer Zeitmenge. Good News! Vielmehr blockiert mich eine gefühlte Unfreiheit durch Zwänge und Pflichten des Lebens. Das irdische Leben ist streng nach der Uhr getaktet und den scheinbar allgegenwärtigen Terminkalendern unterworfen. Ich mutmaße, das Universum kennt solche, sehr menschlichen Einschränkungen gar nicht, oder?

Von: *seele@email-ans-ich.de*
An: *verstand@email-ans-ich.de*
AW: *Freiheit*
Wenn nicht du dir die Freiheit schenkst, die du suchst, wer oder was soll es dann für dich tun? Auch das Universum, die Schöpfung kann dich nicht von deinen Terminplanungen befreien. Erinnerst du dich? Die Schöpfung schenkt die Form, und du erfüllst die Form mit Inhalt.
Welche Zwänge und Pflichten hindern dich daran, frei zu sein? Kannst du sie konkret benennen?

Von: verstand@email-ans-ich.de
An: seele@email-ans-ich.de
AW: AW: Freiheit
Als Pflicht empfinde ich z. B. meine festen Arbeitszeiten 😣 , den Job und das Angestelltendasein überhaupt, weil ich nicht mein eigener Herr sein kann. Ich habe mit deiner Hilfe gelernt, innerlich freier zu denken, und nun stoße ich an die Grenzen der äußeren, weltlichen Enge und Zwänge. Ich laufe ständig in einem Hamsterrad und will da endlich raus.

Von: *seele@email-ans-ich.de*
An: *verstand@email-ans-ich.de*
AW: AW: AW: *Freiheit*
Wer oder was zwingt dich, diesen Job auszuüben?

Von: verstand@email-ans-ich.de
An: seele@email-ans-ich.de
Betreff: Zwänge

Das Geld. Das liebe Geld. Die Miete, die Versicherungsbeiträge, die Altersvorsorge. Ich höre schon, was du jetzt sagen willst: ¨ Das hatten wir alles schon. Kurzum, du möchtest mir mit deinen Coaching-Fragen klarmachen, dass die Zwänge, die ich als limitierend empfinde, aus mir selbst kommen, richtig? Warum fühle ich mich dann so, so, so ... na halt wie ferngesteuert?

Von: *seele@email-ans-ich.de*
An: *verstand@email-ans-ich.de*
AW: *Zwänge*

Du fühlst dich ferngesteuert, weil du dich nach wie vor von deinen alten Programmen steuern lässt. Freiheit beginnt mit der Erkenntnis, dass du nicht mehr die Software bist, die du einst warst. Nimm das Steuer selbst in die Hand, und bestimme deinen Lebens- und Tagesablauf selbst. Versuche, zwischen äußeren und inneren Zwängen und Unfreiheiten zu unterscheiden. Lass uns gemeinsam die innere Unfreiheit betrachten, einverstanden? Du hast bereits viele deiner inneren Fesseln gesprengt, hast viel an dir gearbeitet, und dein neues Programm der Selbstbeobachtung hat fast die gesamte alte Software ersetzt. Nun scheint dir dein bisheriges Wirkungsfeld zu eng, und du möchtest den inneren Panzer ablegen, den du als beschränkend empfindest. Gib unserer Trinität aus Körper / Verstand / Seele Zeit (auch wenn Zeit eine Fiktion ist), diesen inneren Panzer abzubauen. Alle neuen Erkenntnisse und Programm-Updates müssen sich auch auf der körperlichen Ebene manifestieren.

Die Nervenzellen des Körpers sind kleine Wunderwerke der Schöpfung und haben die Fähigkeit, sich mit Hilfe deines Bewusst-

heits-Updates zu verändern. Diese biologischen Vorgänge benötigen
Zeit, die individuell nicht planbar und keinem Terminkalender
unterworfen ist. Die komplexen Nervengeflechte leisten die
Sinneswahrnehmung und die Verarbeitung der Sinneseindrücke
gleichermaßen, sie koordinieren Reaktion und Bewegung und
signalisieren sogar die mentale Verfassung eines Menschen. Bisher
war das Gehirn, dem du innewohnst, eng mit einer Ausrichtung
auf Vernunft und Leistung verbunden. Nun veränderst du diese
Ausrichtung bewusst in deinem Inneren, und langsam folgt auch
die Transformation auf körperlicher Ebene. Mit Hilfe deiner
Bewusstheitsentwicklung beginnst du, das volle Potenzial der
Nervenzellen auszuschöpfen. Du motivierst sie, sich zu Höherem
zu entwickeln und selbst eine Wirklichkeit, ein Ideal, ein Paradies
zu erschaffen. Aber Paradiese zu erbauen benötigt auch nach
kosmischen Maßstäben Zeit und Geduld.

Von: verstand@email-ans-ich.de
An: seele@email-ans-ich.de
Betreff: Paradiese
Ist echt interessant, dass alle geistigen Veränderungen auch auf
zellulärer Ebene integriert werden müssen. 😕 Sind die Nerven-
zellen eigentlich eigenständige Wesen, ganz nach dem Motto
»Wir sind viele …«? LOL
Ist eine paradiesische Welt wirklich möglich?

Von: *seele@email-ans-ich.de*
An: *verstand@email-ans-ich.de*
AW: *Paradiese*
Alles ist möglich. Du spürst, dass eine andere, schöne neue Welt in
Reichweite ist, und deswegen wirst du von Ungeduld geplagt. Die
Vorstellung der Machbarkeit und das kosmische Prinzip der

eigenen Schöpferkraft eines Menschen müssen noch bis in jede einzelne der Milliarden Körperzellen fließen, bevor ein Paradies Wirklichkeit wird. Arbeite weiter an deiner Transformation – du wirst reich belohnt werden.

Sei dir bewusst: *Erleuchtung ist ein Prozess der Erhebung auf allen Ebenen, geistig, seelisch und körperlich. Das Licht des Wissens durchdringt alle Ebenen und webt diese Tücher des Lebens neu. Es ist nicht möglich, geistige Prinzipien oder Erleuchtung lediglich auf feinstofflichem Niveau umzusetzen. Der Körper folgt diesen Modifikationen und manifestiert sie grobstofflich.*

Lieber Verstand, du befindest dich derzeit zwischen zwei Stadien: dem Stadium der Wissenserweiterung und dem Stadium der Befreiung. Es sind innere Fesseln, die dich noch festhalten, die aber ganz natürliche Hindernisse darstellen. Sobald du dich von deinen inneren Zwängen – der Ungeduld, dem eingeschränkten Denken, dem Gefühl des Zeitmangels – befreien kannst, werden auch die äußeren Fesseln fallen, gleich welcher Art sie sein mögen. »Wie innen, so außen« ist eine sehr, sehr alte universelle Weisheit.

Von: verstand@email-ans-ich.de
An: seele@email-ans-ich.de
AW: AW: Paradiese
Und du kannst mir wirklich keinen Zeitrahmen nennen, liebe Seele? ☺

Von: *seele@email-ans-ich.de*
An: *verstand@email-ans-ich.de*
AW: AW: AW: *Paradiese*
Nun, werter Verstand, dir wird »einleuchten«, dass Erleuchtung nicht mit einem Wochenend-Workshop zu erkaufen ist. Bei manchen Menschen benötigen solche Veränderungen im Geist und

im Körper Wochen, Monate, Jahre oder Jahrzehnte irdischer
Zeit – es hängt auch davon ab, wie viele und welche Erfahrungen
die Seele in die aktuelle Inkarnation einbringt. Du kennst
vielleicht den Begriff »alte Seelen«? Er bedeutet, dass bereits viele
Reinkarnationen vollzogen wurden und die Seele große kosmische
Weisheit in die aktuelle irdische Lebensform eingebracht hat. Wenn
beispielsweise schon eine solche Basis besteht, kann es sein, dass ein
Mensch für das Erwachen zur vollkommenen Bewusstheit nur
noch relativ wenig Zeit benötigt. Alles ist möglich.
Jede Zelle ist übrigens ein eigenständiges Wesen, das sich entschlos-
sen hat, in der Gemeinschaft mit anderen im menschlichen Körper
zu wachsen, zu leben und zu wirken. So sind alle Vorkommnisse
im Universum – und damit auch auf Erden – eine Gemeinschafts-
arbeit. Ebenso bilden alle Zellen im Körper eine Gemeinschaft.
Wir drei, Körper/Verstand/Seele, haben uns auch entschlossen,
gemeinsam zu leben und zu wirken. Alle Menschen haben sich
entschlossen, gemeinsam auf der Erde zu leben und zu wirken,
gemeinsam mit all den anderen Lebewesen auf diesem Planeten …
Diese Gemeinschaftlichkeit setzt sich fort bis in alle Sternensysteme
und Galaxien, bis in die Unendlichkeit des Universums …
Deswegen sind wir auch niemals einsam oder allein. Erinnere dich
an das siebte Passwort: »Alleine sein bedeutet nicht, einsam sein!«

Von: verstand@email-ans-ich.de
An: seele@email-ans-ich.de
Betreff: Eigenständigkeit
Witzige und atemberaubende Vorstellung! ☺
So viel Gewusel und Lebendigkeit überall im Inneren, auf Erden
und in den Galaxien. Ich glaube, ich bin immer noch zu sehr auf
mein äußeres Leben und das Funktionieren in einem bestimmten
Lebensstil fixiert. Wie kann ich mehr Eigenständigkeit erlangen?

Von: *seele@email-ans-ich.de*
An: *verstand@email-ans-ich.de*
AW: *Eigenständigkeit*

Lehne dein äußeres Leben und den jetzigen Lebensstil nicht ab, sondern verändere ihn langsam. Sei dir bewusst, dass es durchaus von dir so gewollt ist, dieses irdische Leben zu leben. Wir haben es gewählt und wollen darin Erfüllung finden.

Die äußeren Zwänge nehmen ab, sobald du deine innere Freiheit findest. Mit Erlangung der inneren Freiheit wirst du im Äußeren neue Prioritäten setzen – dieser Prozess hat bereits begonnen.

Nach und nach wirst du dich von äußeren, fiktiven Selbstverpflichtungen lossagen können, wenn die inneren Fesseln gelöst sind und die innere Freiheit manifestiert ist. So wirst du eine harmonische Balance finden. Betrachte deine Pflichten (Arbeitspflicht und die Norm, Einkommen verdienen zu müssen, Obliegenheiten wie Miete, Strom, Kredite) jedoch nicht als Gefängnis oder Unfreiheit, denn sie sind Teil des freiwillig gewählten irdischen Lebensstils, wenngleich sie heute für dich vielleicht nicht mehr so wichtig sind wie früher. Deine Parameter verschieben sich, lieber Verstand, und so ist es dir vergönnt, auch neue Prioritäten zu setzen.

Von: verstand@email-ans-ich.de
An: seele@email-ans-ich.de
AW: AW: Eigenständigkeit

Trotzdem würde ich diese ganzen Verpflichtungen gerne einfach loswerden, sie abstreifen und ein anderes Leben leben, vielleicht an einem anderen Ort …

Von: *seele@email-ans-ich.de*
An: *verstand@email-ans-ich.de*
Betreff: *Ortswechsel*

Lieber Verstand, du wünschst dich an einen Ort, an dem alle Verpflichtungen nichtig werden, um endlich frei zu sein. Jedoch ist die Wahl des Daseins auf diese irdische Existenz gefallen, und damit sind einige wenige irdische Normen unabdingbar. Veränderungen sind jedoch durchaus möglich, um innere Freiheit zu finden und äußere Beschränkungen zu minimieren. Mach dir eine Liste oder einen Plan, wie du den Lebensstil mit der neuen Lebensphilosophie der Bewusstheit in Einklang bringen kannst. Du entscheidest, wie und durch was du auf dieser Erde wirken möchtest … und das muss durchaus nicht ein ganzes Leben lang dasselbe sein.

Mach dir bewusst: *Es ist möglich, ein freies Leben zu führen, ohne sich in eine einsame Höhle oder auf eine unbewohnte Insel zurückzuziehen. Deine innere Unfreiheit würdest du zweifelsohne überall hin mitnehmen, und so würde ein Ortswechsel lediglich eine Flucht darstellen. Wenn es dein innigster Wunsch ist, anders zu leben, verwirkliche ihn. Arbeite daran, zuerst deine inneren und danach deine äußeren Fesseln zu sprengen. Orte der Freiheit findest du, lieber Verstand, im Inneren wie im Äußeren. Was würdest du machen, wenn du nach eigenem Ermessen »frei« wärst?*

Von: verstand@email-ans-ich.de
An: seele@email-ans-ich.de
AW: Ortswechsel

Liebe Seele, gerne würde ich mal aufhören zu denken und stattdessen meine inneren Bilder durch die Hände unseres Körpers malen lassen ☺ – Landschaften und Meere zeichnen, über die

Hände etwas anderem Ausdruck verleihen, als nur Konzepte in Tastaturen eintippen. Ich möchte gerne eigenständig arbeiten, frei schaffend und nicht für einen Chef, der sich mit meinen Ideen profiliert. Ich wäre sogar bereit, auf einen Großteil des Einkommens zu verzichten … Seltsam, wie sich die Einstellung zum Geld im Laufe unseres Coachings geändert hat. Mir ist inzwischen bewusst, dass der derzeitige Lebensstandard definitiv reduzierbar ist. Ein kostspieliges Auto und eine große Stadtwohnung sind gar nicht nötig, damit mein Ego-Programm sich wohl fühlt. Ich möchte lieber im Grünen Gedanken zu Ende denken und leben, möchte die Natur genießen – eben mehr Sein als pflichtvolles Tun nur um des Geldes willen.

Von: *seele@email-ans-ich.de*
An: *verstand@email-ans-ich.de*
AW: AW: *Ortswechsel*
Wenn deine Wünsche so deutlich sind, dann entwerfe auch ein klares Konzept für die Umsetzung, ein ganz persönliches Konzept, wie du deinen Lebensstil Schritt für Schritt ändern wirst. Konzepte und Strategien sind deine Stärke, die sich durchaus mit deinen Visionen und Wünschen paaren können. Denke immer daran: Du vermagst deine Wirklichkeit täglich neu zu erschaffen. Darf ich dir eine hilfreiche Visualisierungsmeditation vorschlagen?

Von: verstand@email-ans-ich.de
An: seele@email-ans-ich.de
Betreff: Visionen
Immer gerne, liebe Seele! ☺ Bin immer für jeden Support dankbar und meditiere inzwischen sehr gerne, weil das so erholsam ist!

Von: *seele@email-ans-ich.de*
An: *verstand@email-ans-ich.de*
Betreff: *Ort der Freiheit*

Also gut, lieber Verstand. Lass den Körper die Augen schließen, und stell dir vor deinem inneren Auge eine einladende Treppe vor, die nach unten führt. In deiner Vorstellung näherst du dich dieser Treppe. Du betrittst die erste Stufe und gehst diese Treppe nach unten, ohne zu wissen, was dich am Ende der Treppe erwartet. Du gehst Stufe um Stufe tiefer nach unten ... immer weiter.

Am Ende der Treppe betrittst du einen dir noch unbekannten Ort, der für dich Freiheit und Unabhängigkeit repräsentiert. Warte ab, welche Bilder aus deinem Inneren auftauchen, welches Ambiente oder welche Landschaft du siehst. Schau dich, ohne einzugreifen oder aktiv zu werden, an diesem Ort um.

Setz dich nieder und erblicke Großes und Kleines, betrachte alle Details, die dieser Ort der Freiheit für dich bereithält. Spüre, wie wohl du dich hier fühlst. Verweile, so lange du magst.

Speichere diesen Ort in deinem Gedächtnis und im Herzen des Körpers. Dann verabschiede dich in Dankbarkeit von diesem Ort. Sei dir gewiss, dass du jederzeit zu diesem Ort der Ruhe und der Freiheit zurückkehren kannst. Mit der Imagination dieses Ortes und dem damit verbundenen warmen Herzensgefühl wendest du dich wieder der Treppe zu und steigst sie langsam nach oben, Stufe um Stufe, Schritt für Schritt ... bis du wieder im Hier und Jetzt angekommen bist.

Von: verstand@email-ans-ich.de
An: seele@email-ans-ich.de
AW: Ort der Freiheit

Wow! Wow! Wow! 😎 Das ist ja ein schöner Ort, 😊 und es ist eine wahnsinnig tolle Erfahrung, wo man innerlich hinwandern

kann. Danke dir für diese geniale Meditation und die Hinfüh-
rung zum Ort der Freiheit! Ist ja viel, viel schöner, sich an solche
Orte zu begeben, als dunklen Angst- und Einsamkeitsszenarien
nachzuhängen.

Überhaupt wird es mal Zeit, mich für dein kosmisches Coaching
zu bedanken, liebe Seele! Meinst du, ich könnte so einen Ort
auch in der realen Welt finden? ☺

Von: *seele@email-ans-ich.de*
An: *verstand@email-ans-ich.de*
AW: AW: *Ort der Freiheit*
Du kannst diesen Ort der Freiheit überall und jederzeit finden.
Du kannst jederzeit in deinen Gedanken und mit der Kraft des
Herzens in der Meditation dorthin zurückkehren. Du kannst dir
auch einen solchen Ort beziehungsweise Lebensraum in der
Wirklichkeit kreieren. Arbeite mit den wahren *Gefühlen, den*
wahren *Wünschen und der* wahren *Herzenskraft an deinen Lebens-*
perspektiven und Visionen. Alles ist möglich.
Erinnere dich an das sechste Passwort: »Jedes Wesen besitzt die
göttliche Kraft der Schöpfung!«
Fühlst du dich jetzt freier?

Von: verstand@email-ans-ich.de
An: seele@email-ans-ich.de
AW: AW: AW: Ort der Freiheit
Viel, viel freier! Magisch freier! ☺ Es ist, als ob ich über den
Horizont, als ob ich über die eigene Beschränkung hinausge-
schaut hätte, aber dies im tiefsten Inneren und nicht in weiter
Ferne. Wirklich eine wundervolle und sehr hilfreiche Meditati-
on. Wird der Ort sich verändern, wenn ich ihn wieder aufsuche?

Von: *seele@email-ans-ich.de*
An: *verstand@email-ans-ich.de*
AW: AW: AW: AW: *Ort der Freiheit*
Gerne gebe ich auch diese Botschaft des Universums an dich weiter:
Alles verändert sich, nichts bleibt, wie es war, und nichts wird so
sein, wie es jetzt ist.
Auch dein Ort der Freiheit wird sich, je nach Ausgangssituation
zur Zeit des Besuchs, verändern. Details werden hinzukommen,
manches wird nicht mehr da sein, aber das Grundbild ist und
bleibt das Sinnbild für dein inneres Gefühl der Freiheit und
zugleich steht es symbolisch für das Ziel der äußeren Freiheit.
Wenn du an einem solchen Ort leben möchtest, dann suche ihn.
Wenn du dort einen Arbeitsplatz (als Selbständiger oder als
Angestellter) gesehen hast, dann suche ihn. Wenn du dort einen
Partner gesehen hast, dann suche ihn. Wenn du dich dort malend
gesehen hast, dann male. Kreiere deine Welt. Kreiere deine Freiheit!

Von: verstand@email-ans-ich.de
An: seele@email-ans-ich.de
AW: AW: AW: AW: AW: Ort der Freiheit
Du meinst, es wäre wirklich machbar, die Visionen dieses inne-
ren Ortes der Freiheit im äußeren Leben zu verwirklichen? 😕
Was brauche ich dazu? Wie kann ich diese inneren Wünsche
wahr werden lassen?

Von: *seele@email-ans-ich.de*
An: *verstand@email-ans-ich.de*
Betreff: *Passwort zur Freiheit*
Lieber Verstand, bestelle dir mit der Kraft deines neuen Wissens,
mit deiner Leidenschaft und mit Hilfe deiner Faszination für die
Möglichkeiten des Lebens deine Wünsche beim Universum. Jahre-

lang hat dein Geist in Beschränkung und innerhalb von Normen gelebt, die du nun – aufgrund deiner Bewusstheitsentwicklung – auflösen kannst. Du bist der Schöpfer deiner Lebenswirklichkeit, niemand sonst. Beobachte achtsam deine Wünsche, und agiere nicht gegen sie, denn es sind auch die Wünsche deiner Seele. Tu diese Art von Wünschen und Neigungen niemals als Träumereien oder Hirngespinste ab, sondern verwirkliche sie, um ein Leben in Glanz und Fülle statt in Deprimiertheit zu führen. Arbeite mit deinen Visionen und Wünschen. Schmücke sie in deiner Fantasie detailliert aus, und dann lass sie Wirklichkeit werden, lass sie manifest werden. Gib dem inneren Inhalt eine äußere Form. Sorge dich nicht, sondern hab Vertrauen darauf, Hilfe jeglicher Art und Weise zu erhalten, die nötig ist, um deine Visionen zu verwirklichen.

Du schreitest in großen Schritten voran, und so übermittle ich dir nun ein neues Passwort, wohlwissend, dass du dankbar dafür bist. Dein achtes Passwort kommt aus den Weiten des Universums und dient dir als Zugang zu diesen Weiten:

Die Freiheit liegt in deinem Inneren!

Von: verstand@email-ans-ich.de
An: seele@email-ans-ich.de
AW: Passwort zur Freiheit
Ich danke dir, liebe Seele! Dann mach ich mich mal auf den Weg zur Freiheit.

Neunter Dialog:
Wie werde ich glücklich?

Über die Suche nach dem Glück
und vom Finden eines Schatzes

Von: verstand@email-ans-ich.de
An: seele@email-ans-ich.de
Betreff: Spitze

Liebe Seele, ich arbeite nun seit einigen Tagen mit dem achten
Passwort und erklimme gerade neue Höhen auf der Pyramide
des Bewusstseins. Hab ja echt ne Menge gelernt mit dir und
lerne noch mehr in der Echtzeit des Lebens. Alles fügt sich inein-
ander bzw. aufeinander. Ist wirklich irgendwie wie ein Pyrami-
denbau: Mega-Langzeit-Projekt, Stufe um Stufe ... Und wenn
die untere Basis nicht stabil genug ist, purzelt alles zusammen,
und man muss die Bausteine wieder zusammensuchen. ☺ Aber
wenn man dann einige Schritte zurücktritt und sich das entste-
hende Bauwerk aus einer anderen Perspektive ansieht, ist man
echt beeindruckt von dem Wunderwerk der Bewusstheit. Mein
Sein fühlt sich schon viel erfüllter an, aber dennoch ... etwas
fehlt mir noch, ein Quentchen vielleicht nur, der Abschlussstein
sozusagen, die Spitze der Pyramide. Ist der Abschlussstein vielleicht ein Schatz, den es noch zu entdecken gilt? Braucht man
dazu Glück? ☺

Von: *seele@email-ans-ich.de*
An: *verstand@email-ans-ich.de*
AW: *Spitze*

*Lieber Verstand, das Purzeln der Bausteine ist sozusagen ein Teil
des göttlichen Spiels. Nimm auch dies als Herausforderung an.
Wenn Bausteine purzeln, erhältst du die Gelegenheit, nochmals zu
prüfen, ob sie nicht vielleicht anders zusammengefügt werden
müssen, um dann noch besser zusammenzupassen.*

Wisse, die Aufgaben des Lebens kehren in regelmäßigen Abständen wieder ... Es ist wie eine Art Prüfung, damit du dir deiner neuen Denkweisen sicherer wirst. Das Leben entwickelt sich aufwärts, Stufe um Stufe, wobei du eine Stufe auf der anderen aufbaust und die Bausteine Erfahrungswerte sind. Während des Baus kommst du mit gleichen oder ähnlichen Problemen in Kontakt, die dir auf den Stufen darunter bereits begegnet sind. Jedoch – und das ist das Wunderbare an der mehrdimensionalen Entwicklung des Lebens – erblickst du sie dann aus einer höheren Perspektive, so dass du auf die bereits gemachten Erfahrungen zurückgreifen und vielleicht auch einige neue Lösungsansätze hinzufügen kannst. So wächst die Pyramide der Bewusstheit.

Von: verstand@email-ans-ich.de
An: seele@email-ans-ich.de
Betreff: Himmel
Verheißt der Aufstieg zum Himmel das Glück, nach dem alle Menschen suchen? Wie finde ich den Schlussstein für die Spitze der Pyramide? ☺ Wie werde ich, wie werden wir gemeinsam wirklich glücklich, liebe Seele?

Von: seele@email-ans-ich.de
An: verstand@email-ans-ich.de
AW: Himmel
Bist du denn nicht glücklich?

Von: verstand@email-ans-ich.de
An: seele@email-ans-ich.de
AW: AW: Himmel
Doch, bin ich ... weitaus mehr jedenfalls als vor Beginn unseres E-Mail-Coachings. Vieles hat sich in meiner Sichtweise geän-

dert, und vieles im Leben habe ich aktiv verändert. Dennoch ... das letzte Quentchen fehlt irgendwie. Ich werde das Gefühl nicht los, dass noch etwas in meinem Inneren verborgen liegt, das freigelegt werden will.

Von: *seele@email-ans-ich.de*
An: *verstand@email-ans-ich.de*
Betreff: *Schatz*
Das, was du suchst, liegt tatsächlich noch in deinem Inneren verborgen. Es ist eine feinstoffliche Energie, die dich, wenn du sie entdeckt und aktiviert hast, durchströmen wird, wie du und der Körper es noch nie zuvor erfahren haben.

Von: verstand@email-ans-ich.de
An: seele@email-ans-ich.de
AW: Schatz
Jetzt werd aber bitte nicht auf den letzten Höhenmetern knauserig mit deinen Infos. Nun sag schon! ☺ Was ist das, was du andeutest, wo ist es, und wie kann ich es aktivieren?

Von: *seele@email-ans-ich.de*
An: *verstand@email-ans-ich.de*
AW: AW: *Schatz*
Wenn du für die folgende neue Übung bereit bist, kannst du der Entdeckung des Schatzes näherkommen, lieber Verstand:
Schließe die Augen unseres Körpers und spüre ins Innere. Spüre den Beckenraum, spüre die Wärme im Inneren des Beckens. Entsinne dich des Wurzel-Chakras und des Sakral-Chakras, die dort eng beieinander liegen und viel feinstoffliches Prana in den Körper leiten. Spürst du das Licht im Inneren des Beckenraums?
Das Licht ist noch nicht voll erstrahlt. Es geht von einem Diaman-

ten aus, der dort im Verborgenen liegt und entdeckt werden will.
Du kannst diesen Diamanten nicht bergen, sondern nur fühlen
und betrachten. Und du kannst diesen Diamanten mit der Kraft
deiner Gedanken und deiner meditativen Konzentration waschen
und polieren, immer wieder und immer wieder. Staubschicht um
Staubschicht vermagst du von diesem Diamanten abzutragen,
bis ... bis er eines Tages in aller Herrlichkeit geschliffen ist und
seine Facetten das Licht des Prana mannigfach vervielfältigen.
Dann wird dieses Diamantenlicht den Körper und unser gesamtes,
gemeinschaftliches Wesen mit der strahlenden Energie der Glückse-
ligkeit durchströmen, alle Chakras werden erblühen, und das
Scheitel-Chakra wird beginnen zu leuchten.
An diesem Tag wirst du den Schlussstein der Bewusstheitspyramide
gefunden haben, und du wirst den Diamanten an die Spitze der
Pyramide als leuchtende Krone setzen dürfen.

Von: verstand@email-ans-ich.de
An: seele@email-ans-ich.de
AW: AW: AW: Schatz

Ja, da sage noch mal jemand, das Leben wäre kein Abenteuer!
Auf Schatzsuche gehen wir also! 😎 Der Diamant der Glückse-
ligkeit – vermutlich von unschätzbarem Wert. 🙂 Ist bestimmt
ein unglaubliches Gefühl, von so viel Licht und Prana durchdrungen zu sein ... ein wundervolles Bild. Muss einige Minuten
nachspüren. Melde mich gleich wieder!

Von: verstand@email-ans-ich.de
An: seele@email-ans-ich.de
AW: AW: AW: Schatz

Herrlich! Ich spüre den Diamanten in uns. 🙂 Was kann ich
tun, um diesen Diamanten zum Leuchten zu bringen?

Von: *seele@email-ans-ich.de*
An: *verstand@email-ans-ich.de*
AW: AW: AW: AW: *Schatz*

Du kannst einiges tun, und du bist inzwischen auch dabei, diesen Schatz in deinem Inneren zum Erstrahlen zu bringen. Aber schlussendlich ist das Erstrahlen des Diamanten eine Gnade der Schöpfung, die dir zu einem noch nicht bestimmten Zeitpunkt widerfahren wird. Es passiert früher oder später … wenn du in diesem Leben achtsam und enthusiastisch bist. Es ist eine immens starke, unvorstellbare Leuchtkraft, die dich unmittelbar und ohne Umschweife mit der Urquelle der Schöpfung verbindet, so dass das Licht der Erkenntnis dir als direkte Nahrung dient und dich und das Sein des großen Ganzen erleuchtet. Habe Respekt und Hochachtung vor diesem heiligen Ereignis, ob es dir widerfährt oder nicht. Es gilt, die Erleuchtung zu ehren und sie nicht durch leichtfertige Redereien zu entweihen.

Um diesem Erlebnis näherzukommen, bleibst du weiterhin auf der Suche nach Erkenntnis und bittest täglich um Hilfe. Beides tust du ja schon, lieber Verstand, und du sollst damit auch fortfahren. Die Schöpfung ist dankbar, wenn du nach ihrem Ursprung suchst und wissbegierig bleibst. Was du dazu tun kannst, um den Diamanten zu veredeln, ist, dir immer und allzeit der Herzensgüte, der Herzenskraft unserer gemeinsamen Existenz bewusst zu sein und diese im Umgang mit anderen Lebewesen bewusst einzusetzen.

Von: verstand@email-ans-ich.de
An: seele@email-ans-ich.de
Betreff: Herzenskraft

Was zeichnet unsere gemeinsame Herzenskraft aus, liebe Seele?
Wie kann ich sie entwickeln und weitergeben?

Von: *seele@email-ans-ich.de*
An: *verstand@email-ans-ich.de*
AW: *Herzenskraft*
Du hast bereits vieles unternommen, um die Herzensgüte zu stärken.

Du hast erkannt, dass wir viele und gemeinsam doch eins sind.
Du agierst bewusster und veränderst damit dein Umfeld.
Du hast die Macht deines Ego minimiert, und du hast gelernt, mehr im Jetzt zu verweilen.
Du lässt mehr und mehr das los, was deiner inneren Kraft im Wege steht.
Du verstehst, in der Stille die Essenz des Seins zu erforschen.
Du besitzt die Kraft der göttlichen Schöpfung.
Du fühlst, dass du nicht einsam bist.
Du kennst den Weg zur Freiheit.

Wenn du diese Weisheiten – oder Passwörter, wie wir sie bisher nannten – weiter beherzigst und wenn du in deinem neuen Denken und Handeln bei dir selbst und immer authentisch bleibst, ohne alten Prägungen oder alten Programmen anheimzufallen, wenn du weiter in Achtsamkeit und als Beobachter deiner selbst die Tage des irdischen Lebens vollziehst, dann stärkst du mit jeder Sekunde deines Seins die Herzenskraft.

Von: verstand@email-ans-ich.de
An: seele@email-ans-ich.de
AW: AW: Herzenskraft
Dein Coaching ist wirklich ermutigend! Gefällt mir sehr und wärmt mich innerlich! ☺ Es lauern aber ziemlich viele Fallen im Alltag da draußen. Wie kann ich Rückfälle vermeiden?

Von: *seele@email-ans-ich.de*
An: *verstand@email-ans-ich.de*
AW: AW: AW: *Herzenskraft*

Erleuchtung erwärmt auch mich im Inneren.

Rückfälle vermeidest du, indem du sie erstens nicht als Rückfälle ansiehst, sondern als Herausforderungen, als Aufgaben der Festigung.

Des Weiteren vermeidest du ein Aufbäumen alter Programme, indem du dich immer wieder fragst, was die Intention deiner Gedanken und deiner Handlungen ist. Beobachte und finde heraus, ob du Situationen oder Mitmenschen zu deinen Gunsten manipulieren willst. Erforsche, ob du zum Wohle der Allgemeinheit handelst oder ob du mit dem Kopf durch die Wand willst und nur an deine eigenen Interessen denkst. Überprüfe deine Motivation im gemeinsamen Sein mit anderen und auch in Bezug auf dich selbst. Suche immer nach der ehrlichen, objektiven Wahrheit in dir, und verweile, so oft es dir möglich ist, in der Wahrhaftigkeit mit dir selbst, denn selbsttrügerisches Handeln und Argumentieren ist auch eine Herausforderung, der du dich stellen musst.

Von: verstand@email-ans-ich.de
An: seele@email-ans-ich.de
AW: AW: AW: AW: Herzenskraft

Das ist der Sinn des Lebens, liebe Seele? Geht es darum, sich stets selbst zu beobachten und achtsam zu handeln? Wenn diese Kunstfertigkeit von mir beherrscht wird, kann dann auch die Herzenskraft zu den Mitmenschen fließen und ihnen bei ihrer Suche nach dem Glück helfen?

Von: *seele@email-ans-ich.de*
An: *verstand@email-ans-ich.de*
Betreff: *Fluss*

Ja. Du hast damit deine Ausgangsfrage beantwortet. Es geht im Leben um die Herzensgüte eines jeden zu sich und allen anderen. Du stärkst die Herzensgüte, du stärkst die Fundamente deiner Bewusstheitspyramide und erfüllst unseren Körper mit feinstofflicher Energie. Wir werden gemeinsam zu einem Transformator des Prana, um diese Lebensenergie nicht nur passiv von der Urquelle zu erhalten und sie zu verbrauchen, sondern um sie auch an Mitmenschen und Mitwesen weiterzuleiten. Wenn unser Herz mit Güte, Liebe und Prana erfüllt ist, werden andere davon profitieren. Dieses intensive Bewusstheitscoaching zwischen dir und mir, lieber Verstand, dient keineswegs nur dem Eigennutz, sondern es ist ein Werk für die Gemeinschaft. Lass die Herzenskraft zu anderen fließen und stärke die Weltengemeinschaft.

Von: verstand@email-ans-ich.de
An: seele@email-ans-ich.de
AW: Fluss

Das klingt schon fast wie ein neues Passwort zum nächsten Level. Bekomme ich noch eins? ☺ Ich danke dir von Herzen!

Von: *seele@email-ans-ich.de*
An: *verstand@email-ans-ich.de*
Betreff: *Passwort 9*
Mit dem Licht der Schöpfung, gepaart mit meiner Liebe zu dir, bekommst du von Herzen ein weiteres Passwort:

Handle zum Wohle vieler, und finde das Glück!

Zehnter Dialog:
Dankeschön!

Über die Demut
dem Leben gegenüber

Von: verstand@email-ans-ich.de
An: seele@email-ans-ich.de
Kein Betreff

Liebe Seele, nach einigen intensiven Tagen auf der Suche nach dem Glück spüre ich, dass gar nicht das Ziel das Entscheidende ist, sondern der Weg dahin. Ich möchte mich bei dir für deine Begleitung bedanken und dafür, dass du eine Zeit deines unendlichen Lebens mit mir teilst. Ich verbringe gerne diese Zeit mit dir, und ich kenne nicht die richtigen Worte (obwohl ich über einen großen Wortschatz verfüge ☺), um meinen Dank für diese Begleitung auszudrücken.

Du hast mich so vieles in unserem E-Mail-Austausch und auch sonst im Leben gelehrt. Es tut mir leid, dich früher nicht ausreichend beachtet zu haben, aber das wird nie wieder passieren. Mein Dank kommt aus tiefster Herzenskraft und Überzeugung, und ich wünsche mir mit unserem ganzen Sein, dich nie wieder missen zu müssen. Ich freue mich auf viele weitere Gespräche mit dir!

Mit liebevollen Grüßen in tiefer Verbundenheit
Dein Verstand ☺ ☺ ☺

*
Von: *seele@email-ans-ich.de*
An: *verstand@email-ans-ich.de*
Betreff: *Dank*
Lieber Verstand,
auch ich danke dir für unser Beisammensein und für die fruchtbare Konversation. Die Schöpfung empfindet Zufriedenheit, und ich

empfinde Demut und Dankbarkeit, wenn die Botschaften der
Seelen in der Welt erhört und verbreitet werden. Es ist nicht mehr
zu tun, als Liebe zu geben und zu empfangen – auch das wollte
ich dir schon immer mal sagen …

In liebevoller und ewiglicher Zuneigung
Deine Seele

Von: verstand@email-ans-ich.de
An: seele@email-ans-ich.de
Betreff: Eine (vorläufig) letzte Frage
Was kann ich tun, um der Schöpfung in Ehrfurcht meinen
Dank darzubringen? 🙁

Von: *seele@email-ans-ich.de*
An: *verstand@email-ans-ich.de*
Betreff: *Eine (vorläufig) letzte Antwort*
Erwache jeden Morgen in Dankbarkeit dem Leben gegenüber.
Lebe den Tag in Achtsamkeit dir und den Menschen gegenüber.
Schlafe ein in Demut der Schöpfung gegenüber.
😊💗

Von: verstand@email-ans-ich.de
An: seele@email-ans-ich.de
Kein Betreff
😊💗 😊💗 😊💗

Anhang

Erläuterung der Netzjargon-Ausdrücke und Smileys:

CU (See you) = bis bald
Good News = gute Neuigkeiten
LOL (Laughing out loud) = lautes Lachen
BTW (By the way) = übrigens, nebenbei gesagt

☺ – lächeln
☺ – zwinkern
😎 – cool
☺ – fragen
☺ – nachdenklich
☺ – erstaunt
☺ – schockiert
≋ – verwirrt
☺ – genervt
☺ – frustriert
☺ – ängstlich
☺ – traurig
☺ – glücklich
☺ – wütend
☺ – protestieren
☺ – schläfrig
☺ – dankbar
☺ – erleuchtet

Martin Fieber

Das kleine Buch
vom Schutz der Seele

Grenzen ziehen und
innere Balance finden

Jeder kennt Situationen im Alltag, in denen er sich überfordert
und gestresst fühlt. In solchen Momenten benötigt man innere
Abgrenzung und energetischen Schutz.
Dieses Praxisbuch bietet wirkungsvolle Anleitungen, wie man
sich vor Energieverlust schützen, seine Kraft zentrieren und seine Energie maximal für sich nutzen kann. Mit erprobten Übungen und anschaulichen Illustrationen.

Thomas Hohensee

Gelassenheit
beginnt im Kopf

So entwickeln Sie einen
entspannten Lebensstil

Wie lässt sich Gelassenheit in den Alltag integrieren, auch wenn
wieder einmal alles schiefzugehen scheint? Thomas Hohensee
beschreibt auf klare und leicht nachvollziehbare Weise effektive
Methoden, um auch in stressigen Zeiten die Ruhe zu bewahren
und dauerhaft entspannter zu sein.
Aus schwierigen Situationen werden schließlich Herausforderungen, die zu bewältigen sind. Es ist leichter, als man denkt …